30개
도시로 읽는
미국사

30개 도시로 읽는 미국사

세상을 움직이는 도시가 들려주는 색다른 미국 이야기

초판 1쇄 발행 2022년 10월 11일
초판 4쇄 발행 2023년 9월 14일

지은이 김봉중
펴낸이 김선식

경영총괄이사 김은영
콘텐츠사업본부장 임보윤
책임편집 김상영 **책임마케터** 권오권
콘텐츠개발8팀장 임보윤 **콘텐츠개발8팀** 김상영, 강대건, 김민경
편집관리팀 조세현, 백설희 **저작권팀** 한승빈, 이슬, 윤제희
마케팅본부장 권장규 **마케팅3팀** 권오권, 배한진
미디어홍보본부장 정명찬 **영상디자인파트** 송현석, 박장미, 김은지, 이소영
브랜드관리팀 안지혜, 오수미, 문윤정, 이예주 **지식교양팀** 이수인, 염아라, 김혜원, 석찬미, 백지은
크리에이티브팀 임유나, 박지수, 변승주, 김화정, 장세진 **뉴미디어팀** 김민정, 이지은, 홍수경, 서가을
재무관리팀 하미선, 윤이경, 김재경, 이보람
인사총무팀 강미숙, 김혜진, 지석배, 박예찬, 황종원
제작관리팀 이소현, 최완규, 이지우, 김소영, 김진경, 양지환
물류관리팀 김형기, 김선진, 한유현, 전태환, 전태연, 양문현, 최창우

펴낸곳 다산북스 **출판등록** 2005년 12월 23일 제313-2005-00277호
주소 경기도 파주시 회동길 490 다산북스 파주사옥
전화 02-704-1724 **팩스** 02-703-2219
이메일 dasanbooks@dasanbooks.com
홈페이지 www.dasan.group **블로그** blog.naver.com/dasan_books
종이 아이피피 **인쇄** 민언프린텍 **코팅 및 후가공** 제이오엘엔피 **제본** 다온바인텍

ISBN 979-11-306-9387-3 (04900)
       979-11-306-7795-8 (세트)

다산북스(DASANBOOKS)는 독자 여러분의 책에 관한 아이디어와 원고 투고를 기쁜 마음으로 기다리고 있습니다.
책 출간을 원하는 아이디어가 있으신 분은 다산북스 홈페이지 '투고원고'란으로 간단한 개요와 취지, 연락처 등을 보내주세요.
머뭇거리지 말고 문을 두드리세요.

30개
도시로 읽는
미국사

김봉중 지음

세상을 움직이는 도시가 들려주는
색다른 미국 이야기

나무
초당

거대하고 복잡한 미국사를 들여다보는
가장 좋은 방법

우리에게 가장 '멀고도 가까운 나라'는 어디일까? 그 1순위는 단연 미국이다. 지리적 거리로 보면 먼 나라인 것은 사실이나, 미국은 현재 정치, 경제, 문화 등 모든 면에서 우리와 매우 가깝다. 요즈음 이런 생각이 부쩍 많이 든다. 필자가 미국 대학에서 강의할 때 마주했던 미국 학생들보다 지금 우리 학생들이 훨씬 더 '미국적'이라는 생각이다. 물론 여기서 '미국적'이라는 것을 명확히 규명하기는 어렵지만, 우리 학생들의 생활방식, 사고방식, 가치관 등에서 오래전 미국 학생들을 보면서 놀랐던 것보다 더 놀라곤 한다.

　미국은 우리에게 '가깝지만 먼 나라'이기도 하다. 우리가 미국을 잘 안다고 하지만, 사실 우리가 아는 미국은 다소 선택적이며 제한적이다. 미국이 너무 크고 다양하며 수시로 변하는 나라이기 때문에, '미국이 이런 나라이다'라고 하는 것은 자칫하면 코끼리의 코를 만지는 것과 같을 것이다. 이것이 진부한 표현이라면, 요즘 대세인 '이상한 변호사 우영우'

앞에서 고래 얘기하는 것이리라.

단일민족이라는 단순함에 익숙한 우리가 미국을 생각할 때 잊지 말아야 할 점은 미국의 정식 명칭은 '미합중국'이라는 것이다. 13개의 식민지가 연합해서 시작한 미합중국은 현재 50개의 주와 워싱턴 D.C.라는 독립 행정 구역을 포함하고 있다. 미국 국기가 그것을 반영한다. 오른쪽 가로의 13개 줄은 모태가 되는 13개 주를 상징하고, 왼쪽 위에 담긴 별들은 연방에 가입한 주의 숫자이다. 1959년 알래스카와 하와이가 연방에 합병되면서 별의 숫자가 50개가 되었다. 별이 추가될 때마다 국기는 새로 만들어져야 했다.

국기가 끊임없이 바뀌었던 독특한 나라, 그 미국은 시작부터 완성된 나라가 아니라 확장되고 움직이는 나라였다. 그래서 지역마다 역사와 문화가 다양하다.

이렇듯 거대하고 다양한 그리고 복잡한 미국의 역사를 들여다보는 최고의 방법이 무엇일까? 이러한 문제의식으로 이 책은 시작되었다. 이 책은 국내 최초로 도시로 읽는 미국사이다. 30개 도시를 선별해서 각각의 도시의 역사와 문화를 정리하면서 작게는 그 주와 인근 지역, 크게는 미합중국의 합체를 모자이크처럼 완성해 보려는 시도이다. 30개 도시를 통해서 미국 역사와 문화의 다양한 스펙트럼을 조명하는 동시에 그 다양함을 관통하는 어떤 미국적 가치와 모습을 드러내 보이고자 함이다.

이러한 다양성과 통합적 관점을 염두에 두고 30개 도시를 선정했다. 그래서 인구나 규모 등에서는 크지 않지만, 도시가 갖는 역사성 때문에 포함된 도시들이 있다. 그 대표적인 곳이 프로비던스, 윌리엄스버그, 래피드시티 등이다.

또한 지역적 균형을 고려하기도 했다. 30개 도시는 북동부, 남동부, 중서부, 중남부, 극서부, 기타 지역, 이렇게 여섯 지역으로 나눴는데, 도시 중에서는 어느 지역으로 편입되더라도 크게 상관이 없는 곳도 있다. 예컨대, 루이빌은 중서부 혹은 중남부로 배치해도 괜찮지만, 남동부로 배치했다. 지역적 균형 때문이다. 산타페나 피닉스도 전형적인 남서부 지역에 포함되지만, 남서부 지역을 따로 구분하지 않았기에 중남부에 배치했다.

지역적 구분은 역사적 배경 못지않게 도시가 갖는 지리적이며 통상적 의미를 고려했다. 그 대표적인 예가 볼티모어이다. 메릴랜드는 미국 인구 조사국에 의하면 남부에 소속된다. 역사적으로도 남부 성향이 강했던 곳이다. 남북전쟁 때 노예주와 자유주의 구분이 되는 메이슨-딕슨 라인에 의하면 메릴랜드는 남부 소속이었다. 그런데 위도상으로 볼티모어는 워싱턴 D.C.보다 북쪽에 위치한다. 그래서 볼티모어를 남부로 분류하는 것이 이상하고, 남북전쟁 이후 도시의 정치, 경제, 문화적 성향을 고려할 때 북동부에 배치하는 것이 타당하다.

30개 도시는 해당 주를 대표하는 도시이기도 하지만, 주를 초월해서 미국 문명사의 과거와 현재, 그리고 미래를 조망하는 도시이다. 탈고하면서 가장 아쉬운 점은 30개 도시에 포함되지 않는 도시들이다. 책을 기획하고 도시를 선정하고 원고를 작성하면서 "이 도시를 빼고 저 도시를 포함할까"하는 고민이 수없이 많았다.

도시 선정은 순전히 필자의 몫이다. 역사가마다 생각이 다를 것이다. 필자가 미국사를 보는 시각과 시선, 그리고 필자의 경험이 도시 선정에 크게 영향을 주었을 것이다.

마지막으로, 이 책을 기획한 다산초당 출판사와 김상영 팀장을 비롯한 관계자들에게 심심한 감사를 드린다. 책의 구성과 내용 등 거의 모든 부분에서 보여준 필자에 대한 절대적인 신뢰는 필자가 원고를 완성하기까지 매우 큰 힘이 되었다.

이 책을 들고 30개 도시 기행을 하겠다며 들떠 있는 아내의 모습을 보니 좋기도 하지만 부담감이 든다. 하지만 원고를 꼼꼼히 검토하며 촌철살인의 제안을 아끼지 않았고, 무엇보다도 따뜻한 격려에 대한 보답으로 역사 기행 가이드 역할을 해야 할 것 같다. 책을 들고 다시 찾을 도시들을 생각하니 벌써 설렌다.

2022년 10월

삼인산 자락에서

김봉중

차 례

제4부. 중남부

제5부. 극서부

제6부. 기타 지역

미국 30개 도시의 지도

제1부

북동부

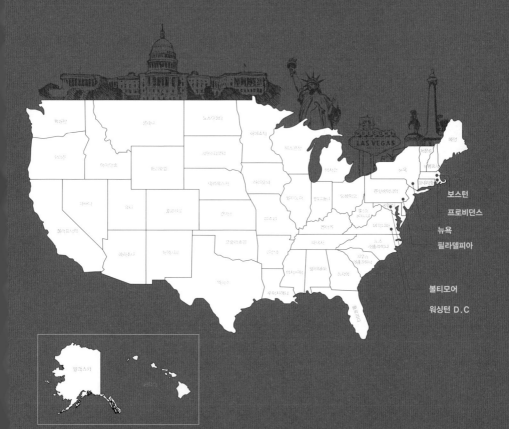

워싱턴

몬태나

노스다코타

미네소타

위스콘신

메인

버몬트

뉴햄프셔

매사추세츠

오리건

아이다호

사우스다코타

미시간

뉴욕

로드아일랜드

보스턴

프로비던스

와이오밍

아이오와

펜실베이니아

코네티컷

뉴욕

필라델피아

네바다

유타

네브래스카

일리노이

인디애나

오하이오

뉴저지

캘리포니아

콜로라도

캔자스

미주리

웨스트버지니아

메릴랜드

델라웨어

애리조나

오클라호마

켄터키

버지니아

노스캐롤라이나

볼티모어

워싱턴 D.C

뉴멕시코

아칸소

테네시

사우스캐롤라이나

텍사스

미시시피

앨라배마

조지아

루이지애나

플로리다

알래스카

하와이

보스턴

프로비던스

뉴욕

필라델피아

볼티모어

워싱턴 D.C

01

보스턴

역사와 문화를 가득 담은
가장 미국적인 도시

지역 : 매사추세츠주
인구 : 689,300명 (2020년 현재)

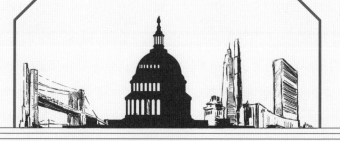

BOSTON

미국독립전쟁의 시작점

만약 미국 북동부 도시들 중에서 미국의 역사와 문화를 가장 잘 보여 주는 곳으로 한 도시만을 선택해서 여행해야 한다면 어디를 선택할까? 바로 보스턴이다. 영국 식민지에서 독립으로 가는 길에 가장 많은 사건이 터졌고, 가장 중요한 역할을 했던 곳이며, 가장 미국적인 도시로 거듭난 곳이 바로 보스턴이기 때문이다.

1616년 영국인 탐험가 존 스미스가 지금의 보스턴이 있는 매사추세츠 지역을 '새로운 영국New England'이라고 부르면서 지금까지 그곳은 뉴잉글랜드 지역이라고 불리고 있다. 그 지역의 핵심 타운이 보스턴이었다. 최초 거주민들은 그 지역을 보스턴이라고 명명했는데, 런던에서 북쪽으로 160킬로미터 떨어진 곳에 위치한 영국의 보스턴을 따서 그렇게 불렀다.

뉴잉글랜드 식민지에는 주로 청교도들Puritans이 정착했다. 청교도들은 영국 개신교도들로서 종교의 자유를 위해서 뉴잉글랜드 식민지로 이주한 사람들이었다. 이들 중 가장 유명한 청교도 분파기 보스턴 남쪽 64

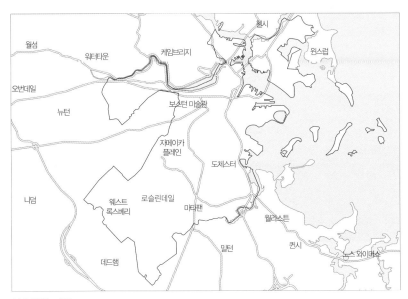

보스턴의 지도

킬로미터에 위치한 플리머스에 정착했던 순례자들^{Pilgrims}이었다. 그들이 1620년 혹독한 첫해 겨울을 보내고 다음 해 가을에 감사의 축제를 개최 했는데, 이것이 미국의 추수감사절의 유래가 되었다. 미국인들이 추수감 사절을 가장 중요한 명절로 기리는 것 자체가 청교도들의 역사적 유산 을 얼마나 중요하게 생각하는지를 가늠하게 한다.

보스턴 사람들이 그들 도시에 대해 갖는 자부심은 대단하다. 무엇보다 도 영국 식민지에서 독립해서 미합중국을 건설하는 과정에서 가장 주도 적인 역할을 했던 곳이 보스턴이기 때문이다. 영국 정부와 북아메리카 식민지의 갈등은 대부분 보스턴에서 촉발되었다. 그중 대표적인 것이 보

보스턴차사건을 묘사한 그림

스턴 학살 사건이다. 1770년 3월 5일 보스턴 주둔 영국군이 보스턴 시민과의 대치 상황에서 발포했고 다섯 명의 시민이 사망했다. 보스턴에서 터진 총성과 유혈 사태는 순식간에 다른 식민지 지역으로 알려지게 되었고, 식민지 전체를 분노하게 만들었다.

1773년 12월 16일, 소수의 '자유의 투사들'이 모호크 인디언으로 가장해서 보스턴 항에 정박 중인 영국의 동인도회사 선박에 탑선해서 상당량의 차를 바다에 던져 버렸다. 이 보스턴차사건^{Boston Tea Party}은 북아메리카가 독립 전쟁으로 가는 결정적인 계기가 되었다. 1775년 6월 17일에는 보스턴 민병대가 벙커힐 전투에서 영국군에 일격을 가했다. 식민지인들이 막강 영국군에 대항해서 싸울 만하다는 자신감을 일깨워 준 중요한 전투였다.

프리덤 트레일에 새겨진 보스턴의 자부심

이러한 일련의 사태는 아메리카 식민지의 독립을 기정사실화하는 데 결정적인 계기가 되었다. 그 사건들 대부분이 보스턴에서 발생했으니, 보스턴 사람들의 자부심이 대단할 수밖에 없다. 지금도 보스턴 곳곳에는 이러한 역사적 흔적들이 고스란히 남아 있다. 보스턴 출신 미국 독립의 영웅들의 묘지도 도심 한가운데 있다. 보스턴차사건의 주역이었던 새뮤얼 애덤스, 보스턴을 대표하는 미국 '건국의 아버지' 중 한 명인 존 행콕, 독립 전쟁의 서막을 열었던 렉싱턴-콩코드 전투가 벌어지기 직전에 영국군이 진격하고 있다고 외쳐 댔던 폴 리비어 등의 묘지가 도심 한가운데에 있다. 빨간 벽돌 길로 포장한 프리덤 트레일^{Freedom Trail}을 따라 세 시간 정도를 걸으면 보스턴 대학살, 보스턴차사건과 같은 역사적 유적지와 보스턴의 대표적인 '애국자들'의 묘지를 직접 눈으로 볼 수 있다. 보스턴 남부에 위치한 퀸시는 '대통령의 도시'라고 한다. 2대 대통령 존 애덤스와 6대 대통령이었던 그의 아들 존 퀸시 애덤스, 그리고 존 행콕 등이 퀸시에서 출생했다.

**보스턴차사건의 주역이었던
새뮤얼 애덤스의 초상**

보스턴에 연고지를 둔 미식축구팀 패트리어츠^{Patriots}는 구단명이 예시하듯이 미국독립전쟁 시 보스턴 '애국자들'에 대한 자부심을 그대로 드러내고 있다. 1972년 보스턴 근교로 구장을 옮기면서 뉴잉글랜드 패트리어츠로 이름이 바뀌었다. 패트리어츠는 무려 여섯 번이나 슈퍼볼 우승을 차지했는데, 이는 한 구단의 미국 역대 최다수 우승 기록이다.

보스턴마라톤은 세계에서 가장 오래된 마라톤 대회로서 오랜 전통과 권위를 자랑한다. 미국독립전쟁 당시 보스턴 교외의 콩코드에서 미국 민병대가 영국군에 대항해 승리를 거둔 것을 기념하기 위해 1897년 처음 열린 이후 매년 4월 셋째 월요일에 개최된다. 우리나라와도 인연이 깊다. 1947년 대회에서 처음으로 참가한 서윤복 선수가 세계신기록을 세워 동양인 최초로 우승했고, 1950년에는 함기용 선수가, 그리고 2001년에 이봉주 선수가 우승했다.

'아메리칸드림'의 상징

보스턴 사람들의 자부심은 독립 전쟁에만 머무르지 않는다. 보스턴은 미합중국 건국 이후에도 계속해서 미국의 정치와 문화, 교육 등에서 중추적인 역할을 했다. 특히 미국의 건국이념인 자유와 평등에 대한 의지가 그 어느 지역보다 강했다. 미국은 이민의 국가로서 유럽으로부터 수많은 이민자들이 미국으로 건너왔는데, 특히 1840년대 아일랜드 감자 대기근은 대규모의 아일랜드인 이민을 촉발시켰다. 이들 대다수가 보스턴에 정착해서 '아메리칸드림'을 이뤄 나갔다. 하지만 기존의 앵글로색슨 개신교도들은 아일랜드 가톨릭교도들을 탄압하기 시작했다. 보스턴은 아일랜드계 가톨릭교도들을 겨냥한 반이민 운동의 중심지가 되었다.

이러한 반아일랜드 정서는 남북전쟁 이후에도 계속되었다. 물론 남북전쟁을 계기로 앵글로색슨 개신교도 중심의 '토박이들'과 가톨릭계 이민자들의 갈등이 누그러지기 시작했다. 아일랜드인들이 북부 연방군에 지원함으로써 그들이 다른 '토박이들'과 같은 이상을 공유하는 '애국자들'임을 인식할 수 있게 만들었기 때문이다. 하지만 아일랜드 이민자들에 대한 편견과 차별은 쉽게 사라지지 않았다.

보스턴은 현재 미국 내에서 아일랜드 문화가 가장 풍성하게 남아 있

세인트 패트릭 데이에 보스턴 거리를 행진하는 해군의 모습

아메리칸드림의 상징이 된
존 F. 케네디

다. 보스턴은 미국 도시 중에서 아일랜드계가 가장 높은 인구 비중을 차지하고 있다. 보스턴에는 약 네 명 중 한 명이 아일랜드계 후손이라고 한다. 매년 3월 17일에 열리는 '세인트 패트릭 데이St. Patrick's Day'에는 보스턴 최대의 축제가 열린다. 아일랜드의 상징인 녹색 의상을 입고 다채로운 퍼레이드를 펼치는 등 온갖 행사로 일주일 내내 보스턴은 흥분의 도가니에 빠져든다. 보스톤의 프로 농구팀은 셀틱스Celtics인데, 이는 아일랜드인을 포함한 켈트족의 영어식 발음이다. 최초의 아일랜드계 가톨릭 신자로 대통령에 당선된 미국 35대 대통령 존 F. 케네디는 '아메리칸드림'의 상징이 되었다.

엘리트 교육의 메카

보스턴 사람들의 자부심에서 빠질 수 없는 것이 교육이다. 미국 최초의 대학인 하버드 대학교뿐만 아니라 MIT, 그리고 보스턴 대학교와 터프츠 대학교를 비롯해서 세계 최고 수준의 대학 및 연구소들이 보스턴에 위치한다. 이들 교육 및 연구 기관들은 인문 사회, 법, 의학, 공학, 경영학 등 다양한 학문 분야에서 미국의 발전을 선도한 인재들을 배출했고, 미래를 선도하는 세계적 엘리트들을 양성하고 있다.

흔히들 보스턴을 미국 지성의 산실로만 생각하는데, 사실 보스턴에는 크고 작은 수많은 기업들이 모여 있다. 탁월한 연구 인프라를 배경으로 보스턴은 캘리포니아의 실리콘밸리 다음으로 미국 최대의 바이오 클러스터가 형성되었다. 보스턴에 소재한 5,000여 개의 하이테크 스타트업 기업들이 미래의 애플과 테슬라를 꿈꾸며 열정을 불사르고 있다.

미국의 문학과 철학 등 정신적인 면에서도 보스턴이 차지하는 비중은 막강하다. 19세기에 랠프 월도 에머슨, 헨리 데이비드 소로, 너새니얼 호손, 헨리 워즈워스 롱펠로 등의 기라성 같은 작가들과 철학자들이 보스턴에서 집필을 했다. 올드 코너^{Old Corner} 서점가는 '미국 문학의 요람'이라

하버드 의대의 풍경 ⓒSBAmin

《월든Walden》을 집필한
헨리 데이비드 소로

고 불릴 정도로 미국 문학의 정신적 지주였다. 보스턴 공공 도서관은 미국 최초의 무료 도서관이었다. 이러한 보스턴의 지적 유산 때문인지, 미국 내에서 인구 대비 가장 많은 자선가 및 기부자들이 사는 곳이 보스턴이다.

보스턴의 프리덤 트레일을 걸으면 왜 보스턴 사람들이 이 도시에 대해 자부심을 갖는지 쉽게 알 수 있을 것이다. 늦은 오후에 아일랜드풍의 술집에서 여행의 피로를 풀면서 패트리어츠 중계를 보기 위해 모여드는 보스턴 시민들의 활기찬 모습을 지켜보면 보스턴의 깊은 역사와 문화의 풍미를 엿볼 수 있을 것이다.

남북전쟁 동안 연방군이 애창했던 군가인 〈공화국의 전투 찬가〉의 작사자로 유명한 줄리아 하우Julia Ward Howe가 당시에 보스턴을 이렇게 묘사했다. "보스턴은 사막의 오아시스다. 그곳에 사는 많은 사람들은 사랑스럽고 이성적이며 행복하다." 이후 적어도 1세기 반이 지났지만, 보스턴 사람들에 대한 평가는 크게 다르지 않을 것 같다.

02

프로비던스

반항과 자유,
관용과 예술의 도시

———

지역 : 로드아일랜드주
인구 : 179,500명(2020년 현재)

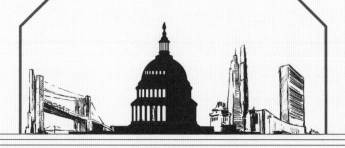

반항아들의 도피처로 시작한 로드아일랜드

작지만 자기주장이 강한 사람들로 가득한 로드아일랜드는 그 기원부터 특별했다. 로드아일랜드 식민지를 건설한 사람은 로저 윌리엄스^{Roger} ^{Williams} 목사였다. 1631년 영국에서 매사추세츠 식민지로 건너온 윌리엄스 목사는 다른 청교도 교파에게는 눈엣가시였다. 그가 완전한 정교분리를 주장했으며 종교와 양심의 자유를 주장했기 때문이었다. 게다가 그는 식민지인들이 아메리카 원주민의 땅을 강탈하는 것을 비판했다. 대다수 식민지인들이 아메리카 인디언들을 사람 취급하지 않았고 그들의 땅을 마음대로 차지하는 것에 양심의 가책을 갖지 않았을 때였다. 윌리엄스의 주장은 다른 청교도 교인들을 불편하게 했다.

결국 그는 청교도 공동체에서 추방되었다. 그가 새로 정착한 곳이 '신의 섭리'라는 뜻의 프로비던스^{Providence}였다. 정착에 지역 아메리카 원주민의 도움을 받았다. 프로비던스를 중심으로 정착에 성공한 그는 1636년 로드아일랜드 식민지를 세웠다. 윌리엄스는 여기서 청교도에서 침례

프로비던스에 있는 로저 윌리엄스 기념비

교로 교파를 바꿨고, 1638년 미국 최초의 침례교회를 설립했다. 그가 내세운 식민지 설립의 목적은 '양심의 자유'를 보장하기 위함이었고, 종교와 국가의 분리가 식민지 제도의 주요 지향점이었다. 이런 로드아일랜드의 정신은 훗날 정교분리 원칙에 근거하는 미국의 헌법과 미합중국의 건국에 지대한 영향을 끼쳤다.

로드Rhode라는 지명은 독특하다. 네덜란드 탐험가가 그 지역이 빨강 점토로 덮였다고 네덜란드어로 '로트 에일란트Roodt Eylandt'라고 했는데, 윌리엄스가 영어식 철자로 로드-아일랜드라고 했다. 훗날 자연적으로 붙임표가 떨어지면서 로드아일랜드가 된 것이다.

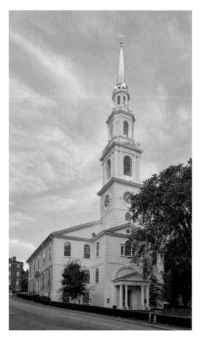

미국에서 최초로 세워진 침례교 교회 건물

재판에 나선 앤 허친슨

로저 윌리엄스는 청교도의 이단아가 되었지만, 그가 설립한 로드아일랜드 식민지는 종교의 자유를 주장하는 많은 이들의 피난처가 되었다. 그중 한 사람이 앤 허친슨Anne Hutchinson이었다. 허친슨은 보스턴에서 가장 유명한 여성 설교자였다. 그는 기존의 청교도 교파가 '은혜 언약'을 강조하기보다는 '선행'을 강조함으로써 개신교의 가장 중요한 신학 원칙을 저버리고 있다고 비판했다. 이러한 신학 논쟁에다 그가 여성으로서 일반 신도로부터 급속도로 인기를 얻는 것을 불편해하던 청교도 교파는 그를 추방했다. 허친슨이 선택한 곳이 로저 윌리엄스의 로드아일랜드였다.

종교 자유의 메카로 자리 잡다

로저 윌리엄스와 앤 허친슨의 영향으로 로드아일랜드는 아메리카 식민지에서 종교적 자유를 추구하고 보장하는 최초의 식민지가 되었다. 이에 대한 로드아일랜드 주민들의 자부심이 대단하다. 이러한 자부심은 로드아일랜드가 계속해서 미국에서 종교 자유의 메카로 자리 잡을 수 있게 만들었다.

종교의 자유를 찾아 수많은 유대인들이 로드아일랜드로 건너왔다. 1763년에 미국 최초로 유대인 회당이 로드아일랜드의 뉴포트에 건립되었다. 당시 유럽의 반유대인 정서를 고려할 때 놀라운 일이 아닐 수 없다. 그뿐 아니라 프랑스의 프로테스탄트인 위그노 신도들도 종교적 자유를 찾아 로드아일랜드로 건너왔다. 영국의 퀘이커교도들도 마찬가지였다. 물론 펜실베이니아가 퀘이커교도의 중심 식민지가 되었지만, 초기에는 로드아일랜드가 퀘이커교도의 주요 행선지였다.

흑인들에게도 로드아일랜드는 관대했다. 1780년에 프로비던스에서 흑인 연합회가 결성되기도 했다. 물론 그 당시에는 노예해방 운동이 탄력을 받지 못했지만, 흑인들이 연합회를 결성해서 그들의 친목과 권익을 도모했을 정도로 어느 정도의 자유를 누릴 수 있었다. 실제로 훗날 로드아일랜드는 노예해방 운동의 중심지가 되었다.

프로비던스 발전의 초석을 쌓은
브라운 형제

존 브라운은 프로비던스에서 가장 덕망이 높고 부유했던 브라운 집안의 일원으로서 그와 다른 네 명의 형제는 1764년 아이비리그 대학교 중 하나로서 로드아일랜드의 자랑인 브라운 대학교를 창설했다. 브라운 형제들 중에는 노예무역에 종사해서 가문에 오점을 남긴 이도 있지만 대다수 형제들은 프로비던스가 자유의 메카가 되는 데 힘을 보탰다. 흑인들의 복지를 개선하는 데에도 노력을 기울였는데, 이는 다른 식민지에 비해서 앞서가는 행동이었다. 특히 존 브라운의 동생인 모지스 브라운은 미국 노예해방 운동에 주도적인 역할을 했다.

존 브라운 하우스는 로드아일랜드에서 최초로 건설된 맨션으로서, 존 브라운의 동생이었던 조지프 브라운이 설계하고 디자인했다. 조지프는 최초의 침례교 교회를 설계하기도 했다. 존 브라운 하우스는 1968년에 미국의 국가 사적지로 지명되어서 국가로부터 보호를 받는 관광 명소가 되었다. 미국의 6대 대통령을 지낸 존 퀸시 애덤스는 존 브라운 하우스를 "미국에서 가장 아름답고 우아한 개인 맨션"이라고 칭송할 정도로 식민지 시대의 건축미를 대표하고 있다.

브라운 대학교와 함께 프로비던스의 또 다른 자부심은 미국 최고 미술학교인 로드아일랜드 디자인 대학교이다. 1877년에 설립된 로드아일랜드 디자인 대학교는 여성들에게도 디자인 교육을 제공하기 위해서 설

1770년에 세워진 브라운 대학교 건물

립되었던 남녀공학 대학교이다. 이후 디자인 공부를 위해서 세계 곳곳에
서 인재들이 이 대학에 몰려들었고, 지금도 타의 추종을 불허하는 세계
최고의 디자인 대학교로 자리 잡았다. 지금도 수많은 예술인들이 프로비
던스에 모여 살고 있으며 이는 프로비던스의 자랑이다.

　브라운 대학교와 로드아일랜드 디자인 대학교로 인하여, 인구가 20만
이 채 되지 않는 프로비던스는 미국의 지성과 예술의 메카이자 로드아
일랜드의 자부심이다.

독립의 서막을 열었던 작은 식민지

프로비던스는 로드아일랜드주의 주도이다. 로드아일랜드는 미국에서 가장 작은 주이다. 매사추세츠와 뉴욕, 그리고 코네티컷에 둘러싸여 있는 로드아일랜드를 지도에서 찾기란 쉬운 일이 아니다.

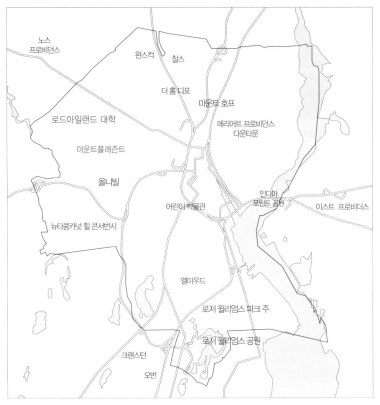

프로비던스의 지도

로드아일랜드는 미합중국의 모태가 되는 13개 식민지 중 하나이다. 크기는 작을지 모르나 독립으로 가는 길에서 로드아일랜드는 작지 않는 역할을 했다. 미국의 역사는 로드아일랜드에서 시작했다고 해도 과언이 아니다. 서인도제도와 대서양 무역의 중심지였던 로드아일랜드는 1760년대 후반부터 끊임없이 모국 영국의 과세 정책에 불만을 표출했다. 1772년 6월, 프로비던스 주민들은 그 불만을 행동으로 드러냈다. 인근 항구에 정박하면서 세금 징수를 담당했던 영국의 범선 가스피Gaspee호를 불태워 버렸던 것이다.

이 사건이 일어난 것은 보스턴차사건이 발생하기 1년 반 전이었다. 1776년 5월 4일, 로드아일랜드는 영국으로부터의 독립을 선언했다. 두 달 후에 13개 식민지가 연합해서 독립선언문을 공표하기 전에 로드아일랜드 단독으로 독립을 선포해 버린 것이다.

경제적 흥망성쇠 속에서도
여전한 역사와 문화의 도시

식민지 시대부터 프로비던스에서는 면직물 산업을 위시해서 기계, 보석, 플라스틱, 전자 장비 산업이 활성화되었다. 19세기 내내 프로비던스는 석유, 천연가스, 목재, 철강, 화학약품을 미국과 전 세계에 배송하는 거점지로서 호황을 누렸다. 하지만 1930년대 대공황으로 직격탄을 맞아서 분주했던 옛날의 프로비던스 모습은 더 이상 볼 수 없게 되었다. 현재 로드아일랜드는 미국 내에서 스물세 번째로 가난한 주로 분류되며, 프로비던스는 인구의 4분의 1 정도가 빈곤층으로 미국 최대의 빈곤 집약 도시로 분류되고 있다.

하지만 자유와 관용, 그리고 예술의 도시로서의 전통은 여전히 도시 전체에 깊이 스며들어 있다. 이에 대한 프로비던스 주민들의 자부심 역시 남다르다. 다양한 인종과 민족들과 그들이 뿜어내는 색다른 문화적 스펙트럼은 지금도 도시의 특징과 색깔을 형성하고 있다. 로드아일랜드에서 약 19퍼센트가 이탈리아 후손이다. 미국 내 인구 대비 가장 이탈리아계가 많은 주이다. 아일랜드계 역시 약 18퍼센트로서 뉴햄프셔와 매사추세츠에 이어 세 번째로 많은 숫자이다.

존 F. 케네디의 영부인이었던 재키 케네디는 어렸을 때부터 로드아일랜드의 뉴포트에서 여름을 보냈으며, 그들의 결혼식도 뉴포트에 소재한 세인트메리 가톨릭교회에서 거행되었다. 웨딩 피로연이 열렸던 해머스미스 농장은 지금도 여행객들이 자전거를 타고 아름다운 주변 경관을 둘러보면서 그 결혼식을 상상해 보는 여행 코스가 되었다.

프로비던스는 경제적으로 어려운 도시이긴 하지만, 2000년에는 《머니》 잡지가 선정한 '미국 동북부에서 가장 살기 좋은 도시'로 선정되었다. 이는 미국에서 가장 성공한 친환경 도시 중 하나이자 가장 진보적인 도시 중 하나이기 때문이기도 하지만, 프로비던스가 품고 있는 역사적 유산과 정신이 크게 작용한 것이었다.

존 F. 케네디와 재키 케네디의 결혼식 사진

보스턴

프로비던스

뉴욕

필라델피아

볼티모어

워싱턴 D.C

03

필라델피아

이상과 현실이 교차하는
'형제애의 도시'

지역 : 펜실베이니아주
인구 : 1,582,000명(2020년 현재)

우울한 선율의 '필라델피아의 거리들'

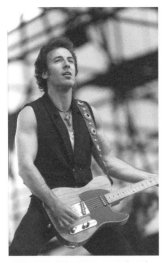

미국의 뮤지션 브루스 스프링스틴
ⓒ Bundesarchiv, Bild

1993년에 발표한 '필라델피아의 거리들Streets of Philadelphia' 뮤직비디오에서 유명한 록 뮤지션인 브루스 스프링스틴이 필라델피아의 거리를 걷고 있다. 높은 마천루와 현수교를 지나간다. 미국 자본주의의 상징이다. 그런데 화면 속 모습들에는 화려함보다는 암울한 분위기가 가득하다. 대부분의 건물들과 도로들은 오래되고 낡았다. 쓰레기통을 뒤지는 흑인들 사이를 지나치는 스프링스틴의 옷도 다 해져서 남루하다. 우울한 선율의 음악이 이런 모습들을 더욱 비참하게 만든다.

이 노래는 같은 해에 개봉된 영화 〈필라델피아〉의 O.S.T.이다. 동성애자이며 에이즈 환자인 주인공이 죽어 가면서도 변호사로서 자신의 일을 꿋꿋이 처리하는 얘기를 다룬 영화이다. 톰 행크스가 열연했고 아카데미 남우주연상을 받았다. '필라델피아의 거리들'은 주제가상을 받았다.

왜 영화 제작자들은 필라델피아를 선택했을까. 미국 독립 기념관과 '자유의 벨'이 필라델피아의 상징이다. 식민지 시대부터 자유와 평등의 상징이었으며, 그 이상을 추구한 곳이 필라델피아였다. 필라델피아는 헬라어로 '형제애의 도시'이다. 동성애자이며 에이즈 환자인 주인공이 그를 향한 편견과 불평등에 맞서 싸우는 모습이 필라델피아답다. 동시에 빈부 격차와 흑백 차별, 그리고 마약으로 찌들어 가는 필라델피아의 거리가 어둡고 씁쓸한 오늘날의 미국 대도시의 모습을 반영하고 있다.

독립과 자유의 이상향으로 시작한
'형제애의 도시'

1682년, 부친에 대한 부채 탕감의 일환으로 영국 왕 찰스 2세가 불하한 곳에 도착한 윌리엄 펜은 그곳을 필라델피아라고 불렀다. 앞에서 말했지만 헬라어로 '형제애의 도시'라는 뜻이다. 퀘이커교도였던 윌리엄 펜은 필라델피아를 유럽의 어느 곳에서도 볼 수 없는 이상향의 도시로 만들고자 했다. 영국은 물론 프랑스와 이탈리아를 둘러봤던 윌리엄은 유럽의 환경에 환멸을 느꼈다. 빈부 격차와 비위생적인 환경에 찌들어 사람답게

1689년에 세워진 윌리엄 펜 차터 스쿨. 미국에서 가장 오래된 퀘이커교 학교 중 하나이다.

살지 못하는 유럽인들과는 달리 자유와 평등, 그리고 자연과 호흡하며 여유롭게 살 수 있는 이상향의 도시를 만들고자 했다. 델라웨어강과 스쿨킬강 사이에 위치한 그 땅을 반듯한 사각형 형태로 구획해서 종교와 상관없이 누구나 유토피아의 삶을 살도록 했다. 필라델피아는 미국 최초의 계획도시인 셈이다. 이는 뉴욕과 워싱턴 D.C.의 모델이 되었으며, 서부 개척 시절에 오클라호마시티와 솔트레이크시티의 모델이기도 했다.

필라델피아는 식민지 시대부터 '다문화주의' 사회로 정착되었다. 영국인들이 정착하기 전에 스위스, 네덜란드, 스웨덴 등에서 이주민들이 정착했고, 영국인 퀘이커교도들뿐만 아니라 독일 퀘이커교도들이 합류했다. 퀘이커교도들이 이주민들의 주류였지만, 종교적 차이가 정착의 방해

요소가 되지 않았다. 오히려 이러한 종교적 다양성은 필라델피아가 북아메리카 식민지 중에서 가장 민주적인 정부를 세우는 배경이 되었다. 세금을 내는 남성 자유인들에게 투표권이 부여되었으며, 이들의 투표로 당선된 관료들이 필라델피아 의회를 구성했다. 최초의 남성 보통선거권이 미국에서 1830년대에 부여되었으니, 필라델피아는 이 부분에서 적어도 반세기를 앞서갔던 것이다.

필라델피아는 미국 독립의 중심지였다. '건국의 아버지들'이 필라델피아에 모여서 독립 전쟁으로 갈 것을 결정했고, 독립 기념관에서 독립선

'건국의 아버지들' 중 한 명으로 필라델피아에 정착했던 벤저민 프랭클린

필라델피아에 있는 독립 기념관의 모습
ⓒ Bestbudbrian

언문을 채택했다. 전쟁 후에 1787년 미합중국의 헌법 의회가 필라델피아에서 열렸다. 당시로서는 미국에서 가장 큰 도시가 필라델피아였고 가장 오랫동안 자유와 평등에 기초한 민주주의를 실행하고 있던 곳이 필라델피아였기에 필라델피아는 미합중국 탄생의 중심에 있었다. 수도로 선택된 워싱턴 D.C.가 완성되기까지 1790년부터 1800년까지 필라델피아는 미합중국의 임시 수도 역할을 수행했다.

미국 산업화를 견인한 '형제애의 도시'

필라델피아는 미국의 산업화에서도 매우 중요한 역할을 했다. 식민지 시대에 필라델피아는 영국의 북아메리카 식민지에서 가장 번성했던 곳이다. 대영제국 전체에서도 런던 다음으로 컸던 도시가 필라델피아였다. 대서양에 연결된 델라웨어강이 갖는 지리적 요건에다 종교적 자유의 보장으로 전 세계에서 수많은 이민자들이 몰려오면서 필라델피아는 번성하는 북아메리카 식민지의 상징이 되었다. 1790년에 뉴욕이 인구 면에서 필라델피아를 앞서기 전까지 '형제애의 도시'는 미국에서 가장 큰 도시였다.

19세기 내내 필라델피아는 미국 산업화의 중추적인 역할을 했다. 새로운 도로, 운하, 철도 등의 건설에 따라 필라델피아 제조업은 미국 산업혁명을 견인했다. 북부가 남북전쟁에서 승리할 수 있었던 이유는 남부와 비교할 수 없는 산업화의 규모였기에, 필라델피아는 전쟁 승리의 가장 큰 동력이었다고 할 수 있다.

남북전쟁 이후에도 필라델피아는 미국 산업혁명의 중심에 있었다. 미국 독립 100주년을 기념하기 위해 1876년 세계 박람회가 필라델피아에서 열렸다. 미국 최초로 세계 박람회가 열린 기념비적인 사건이었다. 이는 세계 자본주의 강자로 급부상하는 미국의 위상을 만천하에 떨치는 순간이었다. 사람들은 타자기, 재봉틀, 전화기와 같은 새로운 발명품에 매료되었고, 자유의 여신상의 일부가 될 손과 횃불 동상에 감탄했다. 무엇보다도 박람회의 수많은 건물과 전시물에 동력을 제공하는 어마어마한 증기기관에 압도당했다.

1876년 필라델피아 세계 박람회에는 박물관 역사상 최초로 여성 전시관이 포함되었다. 이는 필라델피아 여권운동을 주동했던 엘리자베스 길레스피Elizabeth Duane Gillespie의 노력으로 성사되었다. 그녀는 여성참정권 운동을 주도했던 수전 앤서니Susan B. Anthony 여사와 함께 박람회를 기회로 여성참정권 보장을 포함한 '여성 독립 선언문'을 발표하기도 했다. 공식적으로 여성참정권이 보장되기 40여 년 전의 일이다. 길레스피는 미국 '건국의 아버지들' 중 한 사람이자 필라델피아의

**여성참정권 운동을 주도했던
수전 앤서니**

영웅이었던 벤저민 프랭클린의 증손녀이다.

좀비의 거리로 전락한 '형제애의 도시'

끝을 모르고 발전을 거듭하던 필라델피아는 1929년 대공황으로 벽에
부딪히고 말았다. 대공황은 필라델피아뿐만 아니라 미국 대도시의 경제
를 파탄시켰다. 하지만 대공황의 어두움이 걷히고 나서도 필라델피아의
경제는 회복되지 않았다.

문제는 단순한 경제적 불황만이 아니었다. 도심은 황폐화되어 갔고 백
인 중산층은 도시를 빠져나갔다. 대신 남부에서 올라온 흑인들이 도심에

대공황 당시 거리로 나온 미국 시민들

거주하게 되었다. 제1차세계대전 이후부터 남부 흑인들의 북부 대도시로의 이동은 전국적인 현상이었다. 이러한 흑인 대이동의 중심지가 필라델피아였다. 미국 산업화가 필라델피아에 집약된 만큼 그것의 황폐화는 빠르고 광범위하게 진행되었다.

필라델피아는 이러한 흑인 대이동에 따라 사회, 문화, 정치 등 모든 면에서 흑인들의 권익을 보장하는 미국의 대표적인 도시가 되었다. 이는 미국 역사의 흐름에서 자유와 평등의 메카답게 필라델피아의 명성과 궤를 같이하는 것이었다. 식민지 시대부터 추구했던 자유와 평등의 이상이 20세기에도 계속해서 '형제애의 도시'의 색깔을 진하게 만들었다.

하지만 이러한 이상은 산업의 몰락과 함께 퇴색하고 말았다. 노동자들이 도시를 떠났고, 백인 중산층이 교외로 이주했다. 그 빈자리를 노숙자들과 마약 중독자들이 메꿔 가기 시작했다. 특히 켄싱턴 거리는 마약에 중독된 '좀비의 거리'가 되고 말았다. 도로는 마약에 중독된 노숙자들로 가득하고, 그들은 마치 영화 속의 좀비 같은 괴이한 몸동작을 하고 있다. 세계 자본주의 최정상에 있는 미국의 모습이라는 것이 믿기지 않는다.

필라델피아는 현재 미국에서 여섯 번째로 인구가 많은 대도시이다. 미국 최초의 유네스코 세계 문화유산 도시로 선정된 필라델피아에는 미국 독립 기념관을 비롯한 67개의 국가 사적지가 도시 곳곳에 위치한다. 델라웨어 강변을 따라가면 한때 미국 산업화를 견인했던 산업자본가들의 고풍적이고 화려한 저택이 즐비하다. 여전히 수많은 관광객이 필라델피아를 찾는다. 하지만 켄싱턴 도로를 비롯한 도심의 거리에서는 관광객마

**필라델피아의
지도**

저 보기가 힘들다. 누구나 여유롭고 안전하게 자신의 유토피아를 만끽
하도록 건립했던 윌리엄 펜의 이상향은 그가 그토록 혐오하던 런던이나
다른 유럽의 대도시와 다를 바가 없이 되었고, 오히려 더욱 비참하게 변
해 버렸다.

브루스 스프링스틴의 '필라델피아의 거리들'은 비참한 필라델피아의
현실을 보여 주고 있다. "형제여, 믿음 없는 키스로 날 받아 주거나 우리
이렇게 서로를 저버리든가 해야겠지. 이 필라델피아의 거리에서 말이
야"의 마지막 가사가 '형제애의 도시'에 대한 애절한 향수를 담고 있는
듯하다.

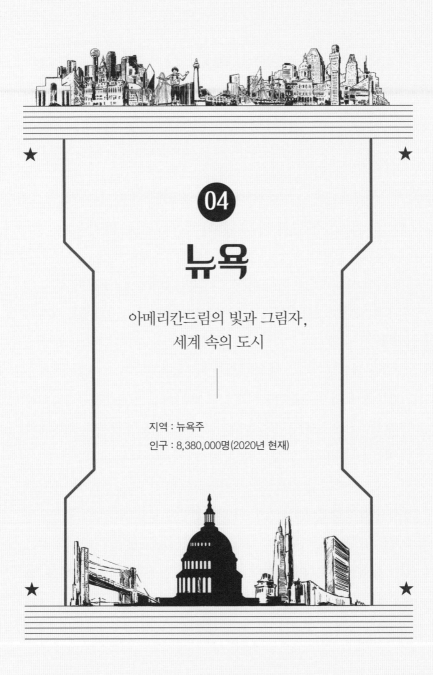

04

뉴욕

아메리칸드림의 빛과 그림자,
세계 속의 도시

지역 : 뉴욕주
인구 : 8,380,000명 (2020년 현재)

미국인이기 전에
뉴요커로 불리길 좋아하는 뉴욕 사람들

뉴욕시에 사는 사람을 '뉴요커New Yorker'라고 한다. 이는 단순히 '뉴욕 거주자'를 일컫는 말이 아니라 그 이상을 의미한다. 뉴요커가 갖는 특징은 무엇일까?

자유분방한 옷차림을 하고, 다양한 피부색과 종교와 언어를 사용하는 사람들 틈에 쉽게 어울리며, 성적으로 개방적이고 이색적인 음식을 탐하는 사람들. 이런 모습들이 뉴요커의 이미지로 떠오를 것이다. 물론 지역에 따라 그 특징이 다양할 수 있다. 월스트리트는 세계 금융의 중심지이며 브로드웨이는 극장가이다. 5번가는 쇼핑의 천국이고 7번가는 패션의 중심지이다. 할렘은 흑인들의 야망과 절망이 교차하는 곳이다. 뉴욕은 맨해튼, 브롱크스, 브루클린, 퀸스 및 스태튼섬의 5개 구boroughs로 구성되었다. 그 중심지는 맨해튼이다. 우리가 보통 뉴욕이라 함은 맨해튼을 지칭한다.

이러한 특징들 중에서 뉴요커를 상징하는 가장 두드러진 것은 바로

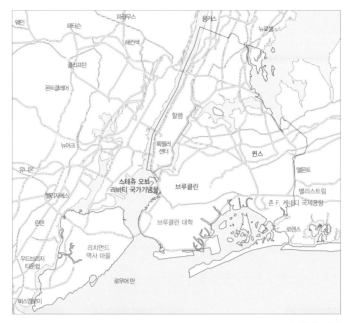

뉴욕의 지도

브루클린 다리의 모습

다양성과 자유로움이다. 그것이 경제적이든 종교적이든 뉴욕은 오랫동 안 핍박과 고통으로부터의 피난처였다. 현재 뉴욕에는 텔아비브보다 더 많은 유대인들이 살고 있고, 더블린보다 더 많은 아일랜드인들이 살고 있다. 나폴리보다 더 많은 이탈리아인들이 살고 있으며, 산후안보다 더 많은 푸에르토리코인들이 살고 있다. 800개가 넘는 언어로 세계에서 가 장 다양한 언어가 사용되는 도시이며, 세계에서 외국 태생 사람들이 가 장 많이 거주하는 도시가 뉴욕이다.

과연 지금의 뉴요커가 그렇게 자부하는 자유와 다양성은 어떻게 뉴욕 에 정착하게 되었을까. 뉴욕의 역사를 되돌아보면 그것이 얼마나 지난한 어려움을 겪은 후에 하나의 전통으로 자리 잡았는지를 알 수 있다.

1900년 당시 뉴욕 리틀 이탈리아의 모습

뉴암스테르담에서 뉴욕으로

대서양과 맞닿아 있으며 내륙으로 통하는 강들과 연결된 지리적인 여건에 따라 뉴욕은 시작부터 유럽 탐험가들의 관심을 끌었다. 1524년, 프랑스 국왕의 명령을 받은 이탈리아의 탐험가 조반니 다 베라차노가 뉴욕만 북쪽을 발견했고, 얼마 후 영국의 탐험가 헨리 허드슨이 훗날 그의 이름을 딴 허드슨강을 발견했다. 1614년, 네덜란드인들이 모피 무역을 위해 맨해튼 남단에 식민지를 세웠고 그곳을 뉴암스테르담이라고 불렀다. 영국은 1664년 9월 8일 뉴암스테르담을 강제로 점령하고 영국 왕 제임스 2세가 된 요크 공의 이름을 따서 그곳을 뉴욕으로 개칭했다.

다른 식민지와는 달리 뉴욕에는 종교적 피난처를 찾는 사람보다는 경제적 야망을 가진 이민자들이 몰려들었다. 뉴욕은 시작부터 미국 자본주의의 시원지로 발돋움한 것이다. 그렇다고 해서 뉴욕이 정치적으로 별다른 역할을 하지 않았던 것은 아니다. 1765년 인지세법 회의가 뉴욕에서 열렸고, 여기서 13개 식민지 대표자들은 '대표자 없는 곳에는 과세가 없다'라는 원칙을 천명하기도 했다. 뉴욕에서 1789년 조지 워싱턴의 취임식과 함께 미합중국의 출범이 선포되었다. 다음 해 최초의 의회 역시 뉴욕에서 개최되었다.

1790년에 뉴욕은 필라델피아를 제치고 인구 3만 3,000여 명의 미국 최대의 도시로 성장했다. 1830년에는 20만여 명으로, 8만여 명에 머물렀던 볼티모어나 필라델피아와의 격차를 크게 벌렸다. 1825년에 이리

맨해튼 남단에 있던 뉴암스테르담의 모습

운하가 완성되면서 뉴욕은 대서양과 미국의 내륙을 연결하는 중요한 통로가 되었다. 허드슨강과 이리호가 운하로 연결되면서 수많은 사람들이 클리블랜드, 디트로이트, 시카고 등으로 비교적 쉽게 이주할 수 있게 되었다. '아메리칸드림'을 꿈꾸며 미국으로 건너오는 사람들의 최우선 도착지로서 각광을 받으면서, 뉴욕은 자고 나면 그 모습이 바뀔 정도로 미국에서, 아니 세계에서 가장 부산하게 움직이는 도시로 급성장했다.

폭력과 무질서의 도시

뉴욕이 '아메리칸드림'의 대명사로 정착하게 된 결정적인 계기는 1845

년부터 시작해서 1852년까지 계속된 아일랜드의 대기근이었다. 최악의 감자 흉작으로 빚어진 대기근은 100만 명 이상의 목숨을 앗아 갔고, 수많은 사람들이 아일랜드를 떠나 무작정 이주의 길을 떠났다. 이들 대부분이 선택한 곳은 미국이었다. 1840년부터 1850년까지 미국으로 건너온 아일랜드인들은 무려 170만 명이나 되었다. 이는 당시 미국으로 건너온 전체 이민자 중 50퍼센트를 차지했다.

이들은 거의 대부분 뉴욕에서부터 정착을 시작했다. 급속히 불어나는 아일랜드 이민자들과 기존의 미국인들 간의 마찰은 눈에 보듯 뻔한 일이었다. 대부분의 아일랜드인들은 가난했으며 교육을 받지 못한 사람들이었기에 생존을 위해서 닥치는 대로 일감을 찾아 나서야 되었다. 가톨릭교도들이었던 아일랜드인들은 기존의 개신교도들의 경계 대상이 될 수밖에 없었다. 이른바 와스프(WASP. White Anglo-Saxon Protestant) 백인 우월주의자들은 아일랜드인들을 차별하고 탄압했다. 이들은 술과 폭력, 그리고 정치적 부패 등과 같은 사회 제반의 문제가 아일랜드계 이민자들 때문이라고 판단하고 대대적인 반아일랜드 운동을 펼쳐 나갔다. 1850년대 중반에는 이른바 무지당Know Nothing Party이라는 제3당이 등장했다. 미국 역사에서 무조건적인 아일랜드 이민 반대를 주창한 정당이 생긴 것이다.

아일랜드계 이민으로 말미암아 뉴욕은 공포와 불안이 상주하는 세계에서 가장 무질서한 도시가 되었다. 아일랜드계가 밀집한 곳에서는 미국 최초의 대형 슬럼가가 형성되었다. 하루가 멀다 하고 뉴욕에 도착하는 수백, 수천 명의 이민자들을 수용하기 위해 만들어진 판자촌이 맨해튼 남부를 덮기 시작했다. 범죄와 폭력은 일상이었으며, 온갖 갱들이 사력을 다해 구역 이권을 차지하기 위해 사투를 벌였다. 그 대표적인 곳이 파이브 포인츠Five Points였다. 치안을 유지할 공권력은 부패로 얼룩졌고, 갈수록 기하급수적으로 늘어나는 이민자들의 환심을 사서 득표율을 높이려는 정치 세력들의 각축장이 되어 갔다.

남북전쟁 중에는 이곳에서 미국 역사상 최악의 징집 거부 폭동이 발생했다. 처음에는 단순한 징집 거부 소요로 시작되었지만 이는 곧 인종 간의 폭력 사태로 번지게 되었다. 빈민가들이 불타올랐고, 개신교 교회

1827년 당시 파이브 포인츠를 묘사한 그림

들도 잿더미가 되었으며, 수많은 흑인들이 희생을 당했다. 7월 13일부터 16일까지 계속된 폭동으로 공식적으로 119명이 목숨을 잃었지만, 비공식적으론 1,200명 정도가 목숨을 잃었던 미국 역사상 최악의 인종 폭동이었다. 이 모든 폭력과 비극의 중심지였던 곳이 파이브 포인츠였다. 현재 차이나타운과 리틀 이탈리아, 그리고 수많은 정부 및 시 청사들과 마천루들이 빼곡히 들어서 있는 맨해튼 남쪽 지역이 한때 이런 최악의 슬럼가였다는 것은 상상하기가 힘들다.

폭력과 무질서를 극복하는 자본주의의 힘

미국 연방의 최대의 위기였던 남북전쟁은 뉴욕이 새롭게 도약하는 계기를 제공했다. 남북전쟁을 통해 미국은 본격적인 산업혁명을 시작했다. 금융은 물론이요, 철강과 석유, 그리고 철도 건설과 제조업이 세계 역사상 가장 빠른 속도와 규모로 발전하기 시작했다. 이 모든 산업화의 일번지가 당연히 뉴욕이었다.

일자리가 넘치면서 기존의 아일랜드뿐만 아니라 이탈리아와 유대인 등 수많은 유럽 이민자들이 '아메리칸드림'을 꿈꾸며 뉴욕에 속속 도착했다. '이민의 물결'은 뉴욕을 더욱 다양하고 번잡하며 부산한 인종과 민족 시장으로 탈바꿈시켰다. 이민자들을 이용해 정치적 야욕을 챙기려는 '정치 머신Political Machine'은 뉴욕 정치를 장악했다. 많은 시행착오를 거치

**1932년 당시 엠파이어
스테이트빌딩의 모습**

면서 뉴욕에선 점차 미국 자본주의와 민주주의의 이중주가 조화롭게 연
주되기 시작했다.

　제1차세계대전 이후 미국은 세계에서 가장 강력한 산업국가로 위용
을 드러냈다. 1931년 완공된 당시로서는 세계에서 가장 높은 102층(381
미터) 엠파이어스테이트빌딩은 그 위용을 대변하였다. 1973년에 세계무
역센터 쌍둥이 건물(417미터, 415미터)이 완공되기까지 엠파이어스테이트

빌딩은 미국에서 가장 높은 빌
딩으로서 뉴욕의 트레이드마
크가 되었다. 2001년 9월 11일
테러로 인해 쌍둥이 건물은 역
사 속으로 사라졌지만, 뉴욕은
수많은 마천루의 천국으로 자
리 잡고 있다.

자유의 여신상 ⓒAshland Thomas

　미국의 자본주의와 민주주
의를 가장 위태롭게 했던 곳이
뉴욕이었다. 그런데 그 위기를
극복하고 자본주의와 민주주
의의 이중주를 조화롭게 연주하게 만들었던 계기는 자본의 힘이었다. 뉴
욕은 이런 점에서 세계 자본주의와 민주주의의 미래를 조망하는 세계의
메트로폴리탄이며 수도이다. 온갖 편견과 핍박으로부터 벗어나서 자유
로움과 다양성을 추구하며, 미국의 성조기에 예를 갖추기보다는 그 성조
기가 추구하는 자유의 가치가 담겨 있는 '자유의 여신상'에 경의를 표하
는 사람들이 진정한 뉴요커일 것이다.

보스턴

프로비던스

뉴욕

필라델피아

볼티모어

워싱턴 D.C

05

워싱턴 D.C.

미국의 수도이자
세계의 수도

—

인구 : 702,000명(2020년 현재)

WASHINGTON.D.C.

각 주의 이해관계에서
자유로울 수 있는 수도의 건립

미국의 수도인 워싱턴 D.C.는 미국의 도시 혹은 지역 중에서 유일하게 헌법에 의해 만들어진 도시이다. 1789년에 통과된 미국 헌법은 '특정한 주들의 양도에 의해 10평방마일의 연방 수도'를 만들도록 규정했다. 여기에 해당하는 땅을 버지니아주와 메릴랜드주로부터 제공받아 1790년

미국의 초대 대통령 조지 워싱턴

7월 16일에 수도 건설에 착수했다. D.C.는 컬럼비아 지구District of Columbia의 약자이다. 아메리카 대륙을 탐험했던 크리스토퍼 콜럼버스를 기념하기 위함인데, 콜럼버스의 여성형 명사를 써서 컬럼비아라고 했다. 여기에 초대 대통령 조지 워싱턴의 이름을 붙여 워싱턴 D.C.라는 공식 명칭이 채택되었다.

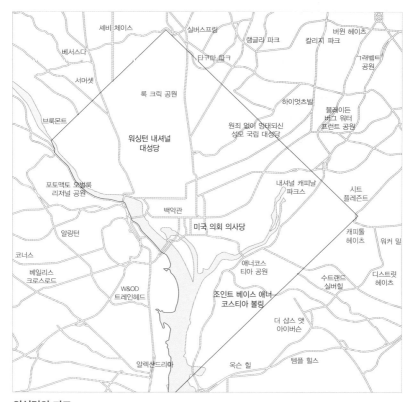

워싱턴의 지도

새로운 수도 건설은 연방의 시작부터 미국을 어둡게 감싸고 있던 정치 현실에 대한 타협책이었다. 13개의 서로 다른 주가 하나의 연방을 구성하기란 쉬운 일이 아니었다. 그중에서도 남과 북은 그들의 이해관계를 놓고 첨예하게 대립했다. 노예제도를 유지하려는 남부와 그것을 폐지하려는 북부 주들의 갈등으로 말미암아 '건국의 아버지들'은 기존의 어느 주나 도시에 포함되지 않는 특수한 지구를 연방 수도로 건설하고자 했

미국의 2대 대통령 존 애덤스

다. 그들이 선택한 곳은 남과 북의 중간 지점인 지금의 워싱턴 D.C.였다.

초대 대통령 조지 워싱턴은 포토맥강과 아나코스티아강 사이에 들어설 워싱턴 D.C.의 부지를 선정했고, 건설 계획이 차질 없이 추진되도록 노력했다. 하지만 새로운 수도에 세워진 백악관에 최초로 입주해서 대통령 업무를 수행한 대통령은 2대 대통령 존 애덤스였다. 1800년에 애덤스는 아직 공사가 완성되지 않았던 백악관에 입성했고, 그는 백악관이 '자유'를 추구하는 미국의 상징이라고 자랑했다. 하지만 백악관과 주변 땅을 정리하는 데 주변의 흑인 노예들이 동원된 것은 아이러니이다.

백악관의 모습

불타는 수도, 불타는 백악관

1812년 미국은 영국과 전쟁에 돌입했다. 당시 영국은 유럽 전체를 지배하려는 나폴레옹의 프랑스와 세기의 전쟁을 벌이고 있었다. 영국과 프랑스의 사이에 끼어서 이러지도 저러지도 못하던 미국은 결국 대서양 무역에서의 자주권을 지키기 위해 영국에 선전포고를 했다. 3년간의 전쟁은 미국의 승리로 끝났다. 신생 독립국으로서 미국의 위상은 높아졌고 미국인들의 자부심은 하늘을 찔렀다. 그래서 역사가들은 1812년 전쟁을 '제2의 독립 전쟁'이라고 부른다. 미국이 영국과 유럽 열강들에 미국의 위상을 뽐내며 실질적인 독립을 쟁취한 전쟁이기 때문이다.

하지만 전쟁 중에 영국군은 워싱턴을 불태웠다. 1814년 8월 24일 영국군은 워싱턴을 점령하고 수많은 공공시설을 불태우기 시작했다. 국회의사당은 심각하게 전소되었으며, 의회 도서관에 소장 중이었던 3,000여 권의 문서들이 잿더미가 되었다. 재무부와 전쟁부 건물도 불에 탔고, 백악관도 탔다.

백악관이 화염에 휩싸이자 마지막에 백악관을 빠져나온 제임스 매디슨의 영부인은 사

백악관과 건물들을 불태우는 영국군

력을 다해 로비에 걸려 있던 초대 대통령 워싱턴의 초상화를 지켜 냈다. 벽에 박혀 있는 프레임을 뗄 수 없게 되자 프레임을 부수어 그림 캔버스만이라도 떼어 내도록 해서 그것을 퇴각하는 마차에 실었다. 자신의 소장품을 챙기기보다는 초대 대통령의 초상화를 챙겼던 영부인의 행동에서 당시 미국인들이 가졌던 워싱턴에 대한 존경심을 엿볼 수 있다.

전쟁으로 성장한 수도

미국의 수도이긴 했지만 워싱턴 D.C.는 일반 거주민들에게 별로 매력적인 도시가 아니었다. 하지만 남북전쟁은 워싱턴 D.C.를 다른 차원의 도시로 만드는 계기가 됐다. 남과 북의 경계에 위치한 데다 연방의 수도라는 상징성 때문에 링컨 대통령은 사력을 다해 워싱턴 D.C.를 지켜 내야 했고, 남부를 향한 총공세의 거점으로 활용해야 했기에 워싱턴 D.C.와 인근 지역에 대한 개발에 총력을 기울였다. 군수물자와 관련된 수많은 창고와 공장들이 들어서게 되었고, 건설에 투입된 계약자들과 일반 인부들로 도시는 순식간에 북적였다. 게다가 1862년 4월 16일, 워싱턴 D.C.에 거주하던 노예들에 대한 해방령이 발표되었다. 링컨의 노예 해방령이 선포되기 8개월 전이었다. 워싱턴 D.C.에서는 자유를 얻은 흑인들도 도시 개발 건설업에 고용되었다.

도시는 남북전쟁을 계기로 이제 작은 도시에서 상당한 규모의 도시로 거듭나기 시작했다. 전쟁 전 인구는 7만 5,000명 정도였는데 전쟁 후 5년 만에 무려 13만 1,000여 명으로 불어났다.

미국이 제1차세계대전에 참전하면서 워싱턴 D.C.는 급격히 팽창하기 시작했다. 1914년 불과 35만 명이었던 인구가 전쟁이 끝나자 52만 6,000명으로 불어났다. 유럽 전선에 투입되기 위해 몰려든 군인들과 이들의 훈련소, 군대와 관련된 각종 기관들과 부대시

의회 의사당 건물. 남북전쟁 기간에도 링컨은 의회 의사당 건설을 지속시켰다.

설들이 폭발적으로 늘어나면서 도시는 새로운 일자리를 얻으려는 사람들로 북적거렸다. 이들을 수용하는 주택이 늘어나면서 도시는 급속히 팽창하기 시작했다.

제2차세계대전에 미국이 참전하면서 워싱턴 D.C.는 다시 한번 폭발적인 성장을 하게 되었다. 1950년에 워싱턴 D.C.의 인구가 역대 최고치인

80만에 이르렀으니 그 발전의 속도와 규모를 상상할 수 있을 것이다.

워싱턴 D.C.가 지금의 규모로 급성장하게 된 결정적인 계기는 대공황이었다. 프랭클린 루스벨트 대통령의 뉴딜 정책의 일환으로 워싱턴 D.C.에서는 무려 500개가 넘는 각종 공공사업이 펼쳐졌다. 공공사업은 내셔널 몰을 중심으로 펼쳐졌다. 내셔널 몰은 워싱턴 D.C. 서쪽 경계에 위치한 링컨 기념관과 동쪽 경계에 위치한 국회의사당 사이의 3.2킬로미터 거리의 국립공원을 일컫는 것으로서 미국의 과거와 현재를 한눈에 볼 수 있는 지역이다.

이 사업에 포함된 유명한 건물들이 토머스 제퍼슨 기념관, 시어도어

미국의 제2차세계대전 참전의 계기가 된 일본군의 진주만 폭격

루스벨트 섬 공원, 국립미술관, 국립
수목원, 국립동물원 등이다. 이 밖에
도 공공사업국(WPA)의 경제적 지원
과 자연보호봉사단(CCC) 등의 인력
동원에 힘입어 워싱턴 D.C. 곳곳에
각종의 크고 작은 건물들과 공원들이
들어서면서 도시의 지형도가 크게 변
하게 되었다.

**뉴딜 사업을 이끌었던
루스벨트 대통령**

이러한 뉴딜 사업은 단순히 역사적
인 사적지와 규모가 큰 공원 건설뿐만
아니라 주민들의 일상생활을 위한 환경 개선 사업도 포함하고 있었다. 그
동안 산업화와 제1차세계대전 참전 등으로 폭발적으로 늘어난 도시의 외
형과는 달리, 도시 내부적으로는 불어난 인구와 건물 등으로 인해서 수로
의 부족과 비위생적인 환경 시설이 고질적인 문제였는데, 이러한 공공사
업으로 인해서 도시는 깨끗해지고 청결하게 탈바꿈될 수 있었다.

미국 민주주의 집합소로서의 수도

워싱턴 D.C.는 20세기에 들어서 미국의 민주주의를 위한 중요한 집합
장소가 되었다. 개인이나 소수의 그룹, 혹은 수많은 인파들이 백악관 앞

이나 링컨 기념관 혹은 워싱턴 기념관 앞에서 그들의 목소리를 내고 있다. 누구나 자신의 주장을 낼 수 있는 원천적인 민주주의가 가장 활기차게 실현되는 곳이 워싱턴 D.C.이다.

그래서 워싱턴 D.C.는 '시위의 도시'가 되었다. 1932년 여름, 4만 3,000명의 제1차세계대전 참전 용사들과 가족들이 워싱턴 D.C.에 집결해서 시위를 벌였다. 당시로는 워싱턴 D.C.에서 벌어진 가장 큰 규모의 시위였다. 이들의 요구는 정부가 약속했던 보너스를 지급하라는 것이었다. 이른바 '보너스 원정대'의 시위로 군중 두 명과 경찰 두 명이 목숨을 잃었고 수십 명이 부상을 당했다.

1960년대에 들어서 워싱턴 D.C.는 여러 정치적, 사회적 시위의 무대가 되었다. 1963년 8월 28일 흑인 민권운동의 일환으로 전개된 시위에 25만 명이 참가했으며, 여기서 마틴 루서 킹 목사가 유명한 "나에게는 꿈이 있습니다"라는 연설을 행했다. 또한 미국의 베트남전쟁 개입에 대한 반대 시위가 워싱턴 D.C.에서 수차례 열렸는데, 그중 1969년 11월 15일에 열린 가장 큰 시위에는 무려 50만 명이 참가했다.

워싱턴 D.C.는 헌법에 의해 어느 특정한 주에 편입하거나 주로 승격할 수 없다. 미합중국의 일부가 아닌 것이다. 하지만 워싱턴 D.C.는 미국의 수도로서 미국의 정치, 경제, 군사는 물론이요, 미국의 문화를 대표하는 미국의 상징으로 자리 잡게 되었다. 과연 미국 '건국의 아버지들'이 워싱턴 D.C.가 훗날 세계를 호령하는 미국의 수도로 성장할지 예상을 했을까? 그들은 단지 13개의 서로 다른 이해관계로 시작된 미국 연방이 어느 특정한 주나 지역의 이해를 대변하지 않고 연방 전체를 대표하는 역할을 해 줄 것을 기대했을 뿐이었다.

1844년에 착공해서 1884년에 완공된 미국에서 가장 큰 기념탑인 워싱턴 기념탑은 여전히 백악관, 의회 의사당, 대법원 등의 정부 청사를 내려다보며 그들이 '건국의 아버지들'이 꿈꾸었던 '견제와 균형'

"나에게는 꿈이 있습니다"라는 연설을 하는 마틴 루서 킹 목사

의 민주주의를 성실하게 준수하는지를 지켜보는 것 같다. 이제는 워싱턴 기념탑이 단지 미국의 민주주의뿐만 아니라 세계의 민주주의를 위해서 미국 정부가 그 역할을 하고 있는지를 묵묵히 내려다보고 있는 것 같다.

보스턴
프로비던스
뉴욕
필라델피아
볼티모어
워싱턴 D.C

06

볼티모어

두 개의 극단적인 이미지가 교차하는
미국 국가國歌의 태생지

지역 : 메릴랜드주
인구 : 602,300명(2020년 현재)

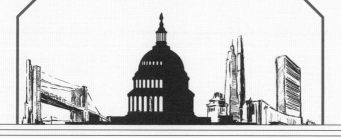

가톨릭교도의 성지로 시작한 메릴랜드 식민지

미국에서 볼티모어처럼 극단적으로 상반되는 별명을 갖는 도시도 흔치 않을 것이다. 6대 대통령 존 퀸시 애덤스는 볼티모어를 '기념비적인 도시'라고 했다. 오랫동안 미국인들은 '매력적인 도시Charm City'라고 불렀지만, '폭도들의 도시'라는 오명이 따라다니는 것이 볼티모어이다. 혹자들은 '보디모어Bodymore'라고 비아냥거린다. '사람만 많은 도시'라는 뜻이다.

1632년 메릴랜드 식민지는 최초의 가톨릭교도의 피난처로 설립되었다. 설립자인 세실 칼버트 남작은 가톨릭으로 개종한 사람으로서 찰스 1세로부터 하사받은 토지를 메릴랜드라고 불렀다. 열렬한 가톨릭 신자였던 찰스 1세의 왕비 앙리에트 마리Henriette Marie를 기념하기 위함이었다. 마리는 프랑스 앙리 4세의 딸인데 그녀의 영국식 이름이 메리였다. 메릴랜드 식민지의 중심지였던 볼티모어는 남작 가문의 이름을 딴 것이다. 아일랜드어로 'Baile an Tí Mhóir'인데, 이를 영어로 표기한 것이 볼티모어로 '큰 집이 있는 타운'이라는 뜻이다.

**볼티모어의
지도**

　　1634년 3월 25일 포토맥강의 세인트클레멘트섬에 220명의 이주자를 태운 선박 '방주The Ark'와 '비둘기The Dove'가 도착했다. 이주자들 중 128명은 개신교 신자였고 92명은 가톨릭 신자였다. 클레멘트섬은 당시 약 400에이커 정도였는데, 지금의 세인트클레멘트섬 주립 공원이다. 오늘날 올드 볼티모어로 알려진 원래 카운티 소재지는 현재의 미 육군 시설이 있는 아버딘 프루빙 그라운드Aberdeen Proving Ground 내의 부시강Bush River에 위치했다.

1600년대 초 볼티모어 지역에서는 식민지 정착민들과 인디언들 간에 심각한 물리적 마찰은 거의 없었다. 하지만 다른 식민지와 마찬가지로 인근 원주민들은 유럽인들이 들여온 천연두와 같은 새로운 전염병에 노출되면서 그 수가 극감했다.

렉싱턴 마켓과 독립 전쟁의 수도

메릴랜드의 식민지 의회는 담배 무역을 위해 1706년 현재의 로커스트 포인트Locust Point에 볼티모어 항구를 만들었다. 존스폭포 서쪽에 있는 볼티모어타운, 존스타운, 그리고 펠스 포인트의 3개의 정착촌은 상업 중심지가 되었고, 1768년에 카운티 소재지로 지정되었다.

볼티모어는 카리브해와의 교역을 위한 곡물과 담배 생산지로 빠르게 성장했다. 1782년에 설립된 렉싱턴 마켓은 세계에서 가장 오랫동안 운영되고 있는 공공 시장으로서 볼티모어의 명물이 되었다.

미국독립전쟁에서 볼티모어는 보스턴이나 필라델피아만큼 큰 관심을 얻지 못했지만 그 역할은 중요했다. 조너선 플로먼Jonathan Plowman Jr.은 독립 전쟁이 발발하기 전부터 동료 상인들과 공조해서 영국 세금 반대 운동을 이끌었으며, 영국과의 무역을 거부하는 협정에 서명했고, 심지어 그들의 상선을 이끌고 영국 상인들의 거점을 공격하기까지 했다. 제2차 대륙회의가 1776년 12월부터 1777년 2월까지 아나폴리스의 헨리 파이트

1752년의 볼티모어타운

하우스^{Henry Fite House}에서 개최되었는데, 이 기간 동안 볼티모어는 사실상 미국의 수도로서 역할을 했다. 아나폴리스에는 지금까지 미국해군사관학교가 위치하고 있다.

플로먼의 아버지는 1701년 영국에서 계약 하인으로 북아메리카 식민지로 건너와 메릴랜드에 정착했다. 플로먼의 아들들도 독립군의 정규군 및 민병대로 자원해서 영국군과 싸웠다. 플로먼 가문은 독립 이후에도 메릴랜드의 정치와 경제에서 중요한 역할을 했는데, 그들은 메릴랜드 초기 '아메리칸드림'의 대명사라고 할 수 있다.

미국 국가의 태생지

프랜시스 스콧 키의 모습

볼티모어가 미국의 역사에 그 이름을 새긴 결정적인 계기는 1812년 영국과의 전쟁이었다. 1814년 9월 12일부터 15일까지 볼티모어 내륙과 해상에서 영국군과 미군의 치열한 전투가 벌어졌다. 이때 볼티모어의 맥헨리 요새Fort McHenry가 영국군의 포화로 불에 타고 있을 때 메릴랜드의 변호사이며 아마추어 시인이었던 프랜시스 스콧 키Francis Scott Key가 〈맥헨리 요새의 방어〉라는 시를 작성했는데, 이것이 미국 국가의 가사가 된 것이다. 국가의 1절은 불타는 맥헨리 요새에 휘날리는 성조기를 그려 내고 있다.

오, 그대는 보이는가, 이른 새벽 여명 사이로

어제 황혼의 미광 속에서 우리가 그토록 자랑스럽게 환호했던,

넓은 줄무늬와 밝은 별들이 새겨진 저 깃발이, 그 치열한 전투 중에도

우리가 사수한 성벽 위에서 당당히 나부끼고 있는 것이

로켓의 붉은 섬광과 창공에서 작렬하는 폭탄이

밤새 우리의 깃발이 그곳에 서 있었음을 증거하였으니,

오, 말해 주오, 그 성조기는 지금도 휘날리고 있는가
자유의 땅과 용자들의 고향에서!

폭도들의 도시

남북전쟁이 발발하자 노예주인 메릴랜드는 연방에 남아 있었다. 하지만 남부연합에 동조하는 세력들과 연방에 충성하고자 하는 세력들 간에 갈등이 격화되었다. 결국 1861년 4월 19일, 매사추세츠와 펜실베이니아에서 수도 워싱턴으로 진격하던 연방 민병대와 메릴랜드의 반전 세력 간에 무력 충돌이 벌어졌다. 프레지던트 스트리트 역에서 캠든 야드로 가는 길에 프랫 스트리트에서 벌어진 이 충돌로 네 명의 군인과 12명의 민간인이 사망했다. 남북전쟁이 발발한 이후 발생한 최초의 사상자였다. 이 사건 때문에 사람들은 볼티모어를 '폭도들의 도시'라고 불렀다.

남북전쟁 이후에 '폭도들의 도시'라는 이미지가 더욱 부각되었다. 1877년 미국 동부 산업도시를 중심으로 대대적인 철도 파업이 벌어졌는데, 이때도 볼티모어 파업이 전국적인 관심사가 되었다. 7월 16일 볼티모어와 오하이오 철도(B&O) 파업이 발발하고 폭동으로 확대되었다. 주 방위군은 물론이고 연방 군대까지 파견되어서 간신히 진압되었다. 최소 10명이 사망했다.

20세기에 들어서면서 볼티모어는 흑백 갈등으로 몸살을 앓게 되었다.

1877년 철도 파업 노동자들에게 총을 쏘고 있는 군대

제1차세계대전 시기부터 1970년대에 이르는 남부 흑인들의 중부와 북동부로의 대이주에 볼티모어는 일차적으로 가장 영향을 받았다. 1950년 23.8퍼센트였던 흑인 인구가 1970년 46.4퍼센트로 증가했다. 2010년 인구조사에 의하면 흑인이 도시의 인구 63퍼센트를 차지했는데, 이 수치는 지금까지 거의 변화가 없다. 현재 볼티모어는 북부에서 디트로이트 다음으로 가장 많은 흑인들이 살고 있는 도시이다.

흑인들은 볼티모어의 서쪽과 동쪽에 주로 거주하는데 이를 '검은 나비'라고 부르기도 한다. 흑인들이 나비의 날개 모양으로 동서로 나눠져 있다는 의미이다. 반면에 백인들은 주로 중앙과 남동부에 거주해서 L자형 대형을 이루는데, 이를 '백인 L'이라고 한다.

2015년 4월에 프레디 그레이라는 흑인 소년이 경찰의 과잉 진압으로 사망하면서 대규모 시위가 발생하며 볼티모어는 혼란에 빠졌다. 주 정부는 비상사태와 통행금지령을 선포했다. 적어도 250명이 체포됐고, 300개 정도의 상점들이 피해를 보았으며, 150개의 자동차가 전소되었다. 60개의 건물이 불에 탔고, 27개의 약국이 약탈당했다.

프레디 그레이에 대한
과잉 진압에
항의하는 시민들
ⓒVeggies

죽어 가는 도시 vs. 복원의 희망을 꿈꾸는 도시

1970년대부터 볼티모어는 도시 재생 사업을 꾸준히 벌이면서 도시의
부정적인 이미지를 벗겨 내려고 노력하고 있다. 1976년에 문을 연 메릴
랜드 과학 센터, 볼티모어 세계 무역 센터(1977), 볼티모어 컨벤션 센터
(1979)가 건설되었다. 1980년 해안에 도시의 소매상점 및 레스토랑 복합
시설인 하버플레이스가 문을 열었고, 메릴랜드 최대 관광지인 국립 수
족관이 1981년에 문을 열었으며, 볼티모어 산업 박물관이 1981년에 문
을 열었다. 1995년에 페더럴 힐Federal Hill에 미국 비전 아트 박물관American
Visionary Art Museum이 문을 열었다.

2005년에 메릴랜드 아프리카계 미국인 역사 및 문화의 레지널드 F.
루이스 박물관Reginald F. Lewis Museum of Maryland African American History & Culture이 개관

존스 홉킨스 대학의 풍경 ⓒlracaz

했으며, 2012년에 국립 슬라브 박물관^{National Slavic Museum}이 개관했다. 2012 년 4월 12일, 존스 홉킨스 대학교는 미국 최대 의료 단지 중 하나를 완공 했다. 1876년에 설립된 존스 홉킨스 대학교는 의료 분야에서 미국 내 최 고의 명성을 유지하고 있으며, 볼티모어의 자랑이기도 하다.

하지만 볼티모어는 마약과 범죄의 도시이자 미국 동부에서 가장 범죄 율이 높으며 가장 위험한 도시로 낙인찍혀 있다. 현재 볼티모어는 '죽어 가는 도시'로서 더 이상 희망이 없다고 보는 사람들과, 천혜의 항구와 소 중한 역사를 가진 도시로서 다시 복원할 수 있다는 희망의 끈을 놓지 않 으려는 사람들로 나뉘어 있다. 향후 볼티모어가 어떤 방향으로 바뀔지는 미국 대도시의 미래를 보는 바로미터가 될 것이다.

제2부

남동부

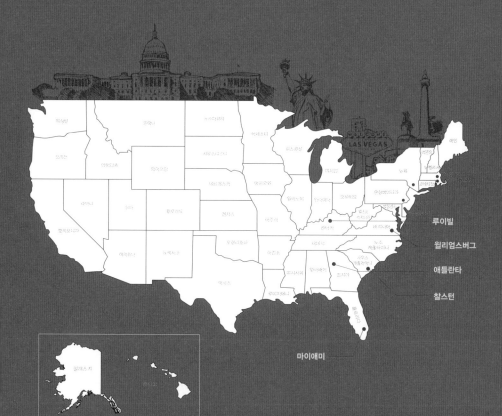

루이빌

윌리엄스버그

애틀란타

찰스턴

마이애미

루이빌

윌리엄스버그

찰스턴

애틀란타

마이애미

07

윌리엄스버그

식민지 시대 버지니아의 모습이
생생히 남아 있는 도시

—

지역 : 버지니아주
인구 : 15,030명(2020년 현재)

비극으로 시작된 버지니아 식민지

1607년 영국인들이 북아메리카에 세운 최초의 식민지인 제임스타운과 1630년에 세워진 요크타운, 그리고 버지니아 식민지의 수도였던 윌리엄스버그, 이 세 곳을 버지니아의 '삼각 역사 유적지'라고 부른다. 이곳 어디든지 자동차로 채 30분이 걸리지 않기 때문에 하루에 식민지 시대 버지니아의 역사적 유산을 둘러볼 수 있는 최고의 역사 관광지이다.

제임스타운에 도착한 영국인들은 이미 남아메리카에서 금은보화를 획득한 스페인처럼 이곳에서 성공적인 정착촌을 세울 수 있을 것이라는 기대감에 들떴다. 그들은 제임스 1세를 기려서 그곳을 제임스타운이라고 이름 지었다. 체서피크만에 맞닿아 있고, 제임스강이 천연 방어 역할을 할 것이며, 무엇보다도 인근에 원주민들이 살고 있지 않아서 최적의 정착지라고 판단했다.

하지만 그들이 전혀 예상치 못한 것이 있었다. 버지니아 역사상 최악의 가뭄이 그들을 기다리고 있었던 것이다. 훗날 학자들의 연구에 따르

윌리엄스버그의 지도

면, 그들이 도착하기 1년 전부터 1612년까지 버지니아는 700년 만에 최악의 가뭄을 겪고 있었다. 처음 제임스타운에 정착했던 214명은 1609년부터 1610년의 '기근의 기간'에 동식물 등을 닥치는 대로 먹었고 심지어 인육을 먹으면서 버텼지만 불과 60명만이 생존했다. 버지니아 식민지는 이러한 비극과 함께 시작되었다.

담배 경작으로 궤도에 오른 버지니아 식민지

가뭄과 기근의 기간이 끝나면서 제임스타운 식민지는 점차 살아나기 시작했다. 그 부활에 생기를 불어넣어 준 사람이 존 롤프였다. 정확히 얘기하면, 1613년 그가 버뮤다에서 가져온 담배씨가 제임스타운과 버지니아 식민지에 활력을 불어넣었다.

버지니아 식민지를 중심으로 담배 경작이 성공하면서 이후에 개척된 거의 모든 남부 식민지들은 버지니아의 경험을 바탕으로 담배 플랜테이션으로 정착의 기반을 닦았다. 훗날 면화 플랜테이션으로 이어지면서 이러한 농업 중심의 식민지 정착은 남부의 경제와 문화를 형성하는 데 결정적인 역할을 했다. 점차 상공업과 제조업 중심으로 변해 가는 북부 식민지와는 달리 남부 식민지는 농업 집약적인 방식으로 굳어져 갔고, 이는 향후 미국 문명의 향방에 결정적인 역할을 했다. 그렇기에 존 롤프의 담배 경작은 이후 역사의 방향타였던 셈이다.

존 롤프와 포카혼타스

제임스타운 담배 경작이 성공하면서 노동력이 필요해지자 수많은 유럽인들이 '계약 하인'으로 대서양을 건너왔다. 뱃삯을 지불할 수

담배 농장의 모습

없는 가난한 하층민들이 도착한 후 3년에서 7년 정도 담배 농장에서 하인으로 일해서 뱃삯을 갚는 조건으로 건너왔던 것이다. 이들 대다수는 영국인들이었지만, 비슷한 조건으로 건너온 사람들의 상당수는 독일인이었다. 독일 이민자들은 주로 유리 제조업자나 목수들이었는데, 이들도 부족한 뱃삯을 나중에 갚는 조건으로 건너온 경우가 많았다. 이들 독일인들의 정착을 시작으로 수많은 독일 이민자들이 버지니아는 물론 다른 북아메리카 식민지로 건너오기 시작했다. 보통 버지니아 식민지 정착에서 영국인 이주자들만 주목을 받곤 하는데, 독일인들도 미국 초기 역사에서 중요한 부분을 차지했던 점을 기억해야 한다.

불행하게도 담배 경작 성공에 따른 버지니아 식민지 정착은 미국 역사에서 돌이킬 수 없는 아픔을 초래했다. 1619년 8월 네덜란드 국기를 달고 지금의 멕시코로 항해하던 선박이 물과 식량이 필요해서 제임스타운 아래에 위치한 지금의 햄튼에 정박했다. 선원들은 그들이 필요한 물품을 얻는 조건으로 타고 있던 20명의 특정한 사람들을 그곳에 내려놓고 갔다. 그들이 지금의 미국에 도착한 최초의 아프리카 흑인들이었다. 당시에는 버지니아 식민지에 법적으로 노예라는 신분이 없었기에 그들을 '계약 하인'으로 분류했지만 사실상 최초의 흑인 노예였던 것이다. 3년 뒤 최초의 20명에 포함된 안토니와 이스벨라 사이에 윌리엄 터커라는 아이가 태어났다. 이들은 기록에 나타난 영국령 북아메리카 최초의 흑인 가족이며, 윌리엄은 최초로 세례를 받은 흑인 아이가 되었다.

포카혼타스의 역사와 혈통이 남아 있는 버지니아

존 롤프는 담배 경작 외에도 버지니아 역사에서 매우 특별한 족적을 남겼다. 1614년 롤프는 포우아탄 원주민 추장의 딸인 포카혼타스와 결혼했다. 최초로 담배 재배에 성공한 바로 그해였다. 결혼 전에 포카혼타스는 기독교도가 되어 세례를 받았고 이름도 레베카로 바꿨다. 2년 뒤 롤프와 레베카는 런던을 방문했다. 이는 영국 전체의 뉴스거리가 되었다. 레베카의 일거수일투족은 영국인들의 관심거리가 되었다. 안타깝게도 포카혼타스는 1년 뒤 알 수 없는 병으로 사망하고 말았고 세인트 조지

세례를 받는 포카혼타스

성당에 묻혔다.

롤프와 포카혼타스 사이에 토머스 롤프라는 아들이 있었다. 토머스는 이후 많은 후손을 보았고, 그들은 버지니아 역사와 미국 역사에서 전설적인 롤프-포카혼타스의 혈통을 이어 갔다. 그중 한 명이 버지니아 정치인이자 대농장주였으며 버지니아 대학교의 총장을 지낸 토머스 제퍼슨 랜돌프였다. 그는 3대 대통령 토머스 제퍼슨의 장손으로, 그의 어머니가 제퍼슨 대통령의 장녀였다. 28대 대통령 우드로 윌슨의 영부인 에디스 볼링 골트 윌슨은 포카혼타스의 9대 손이다. 1920년대 후반에 남극을 발견했던 리처드 에버린 버드도 롤프-포카혼타스의 후손이며, 그의 동생인 해리 플러드 버드는 1930년대부터 1960년대까지 연방 상원의원을 지냈고 민주당 대통령 후보로까지 떠올랐던 인물이다. 버드 상원의원은 민주당이었지만 흑백 분리주의자로서 의회 내에서 강력한 인종주의 세력을 주도했던 것으로 유명하다. 그의 선조가 최초로 인종 간 결혼을 했던 롤프-포카혼타스임을 생각할 때 아이러니가 아닐 수 없다.

롤리 주막과 독립으로 가는 여정

최초의 버지니아 식민지 정착지였던 제임스타운과 1630년부터 정착하기 시작한 요크타운보다 내륙 쪽에 있었던 윌리엄스버그는 원래 미들 플랜테이션으로 불렸다. 제임스강과 요크강의 중간 정도에 위치한 정착지였기 때문이다.

윌리엄스버그가 버지니아 식민지의 중심지로 떠오르기 시작한 것은 1676년 버지니아 식민지를 혼란으로 몰아갔던 베이컨 반란 때 제임스타운이 불타 버렸기 때문이었다. 제임스타운이나 요크타운이 아닌 윌리엄스버그가 버지니아 식민지의 수도가 된 것은 당연한 결과였다. 버지니아 식민지의 성공과 함께 경제, 정치, 문화의 무게가 점차 내륙 지역으로 옮겨 가면서 윌리엄스버그는 식민지의 중심이 될 수밖에 없었다. 1699년 버지니아 식민지 의회는 식민지 수도를 미들 플랜테이션으로 영구적으로 옮기는 데 동의하고, 영국 왕 윌리엄 3세를 기리기 위해 도시 이름

다시 지어진 롤리 주막 ⓒMaggie McCain

을 윌리엄스버그로 바꿨다.

윌리엄스버그가 미국 독립으로 가는 길에 유명하게 된 것은 윌리엄스
버그에 있는 어느 주막 때문이었다. 롤리 주막Raleigh Tavern은 버지니아 식
민지에서 가장 큰 주막이었다. 독립의 열기가 뜨거워질 때 롤리 주막의
역할은 지대했다. 영국 왕에 충성하는 버지니아 총독들이 버지니아 식민
지의 버지세스 의회House of Burgesses를 해산할 때마다 의원들은 롤리 주막
에 모여서 독립을 모의했다. 토머스 제퍼슨과 패트릭 헨리와 같은 버지
니아의 대표적인 독립파들이 수시로 롤리 주막에서 거사를 논의했다.

또한 롤리 주막은 식민지 의회나 엘리트들의 집합 장소일 뿐만 아니라 일반인들이 모여서 영국 왕과 의회의 강압적인 통치에 불만을 토로하며 독립을 주장하는 장소였다. 롤리 주막과 같은 주막들은 미국 독립의 시발점이라 할 수 있다. 미국독립전쟁 기간에 이러한 주막들은 평민들이 '정치화'되는 데 매우 중요한 역할을 했다. 여전히 경제적으로나 정치적으로 힘 있는 엘리트들이 정치의 중심에 있을 때 일반 평민들이 정치적 현안을 놓고 토론하며 정치력을 행사했던 것이 미국 독립과 초기 민주주의에 중요한 동력을 제공했던 점을 고려하면, 윌리엄스버그의 롤리 주막이 갖는 역사적 의의는 남다르다.

거대한 역사박물관으로 복원된 윌리엄스버그

윌리엄스버그는 20세기 초까지 조용하고 작은 마을로 남아 있었다. 식민지 시대의 버지니아 수도로서 무려 88개나 되는 식민지 시대의 건물이 원형 그대로 남아 있었지만, 이들 역사적 유적들은 1세기 이상 동안 별다른 관심을 받지 못하고 사실상 방치되어 있었다.

윌리엄스버그가 지금의 모습으로 복원될 수 있었던 것은 20세기 초, 어느 성공회 교회 목사로부터 시작되었다. 1923년 윌리엄스버그의 전통과 역사가 서린 윌리엄 앤드 메리 대학교의 성경학 및 종교학과 학과장으로 부임한 굿윈[W. A. R. Goodwin] 목사는 윌리엄스버그 전체를 살아 있는 거대한 박물관으로 복원하려는 꿈을 꾸게 되었다. 처음에 그는 윌리엄스버그 소재 성공회 교회와 역사적인 윌리엄 앤드 메리 대학교를 보존하고자 했지만, 도시에 산재되어 있던 수많은 역사적 건물들이 방치되고 폐허가 될 위기에 놓인 것을 보고 도시 전체를 복원하려고 했던 것이다.

존 D. 록펠러 주니어의 모습

그의 꿈은 존 D. 록펠러 주니어를 만나면서 현실이 되었다. 미국 스탠더드오일 회사를 설립한 거대 산업자본가였던 아버지 록펠러로부터 스탠더드오일을 상속받은 록펠러 주니어와 그의 아내 애비 알드리지 록펠러는 굿윈 목사의 원대한 계획을 듣고 그것을 후원하기로 약속했다. 처음에 그는 복원 사업에 몇 백만 달러면 충분할 것으로 생각했다. 하지만 그는 34년 동안 무려 7,000만 달러를 복원 사업비로 내놓았고, 그의 다른 가족들도 3,000만 달러를 추가로 지원했다. 그래서 세계 최대 규모의 지금의 식민지 윌리엄스버그가 탄생한 것이다.

현재 식민지 윌리엄스버그에는 80가구에서 약 160명이 실제로 생활하고 있다. 또한 약 2,500명의 직원들과 800명 정도의 자원봉사 단원들이 식민지 시대의 의상을 입고 관광객을 맞이하거나 도시를 관리하고 있다. 우리로 얘기하면 통일신라 수도인 경주시 전체가 살아 있는 역사 박물관으로 운영되고 있는 것이다.

08

찰스턴

남부의 정치, 경제, 문화의
일번지

지역 : 사우스캐롤라이나주
인구 : 137,000명(2020년 현재)

왕당파와 독립파의 격전지

1670년 지금의 찰스턴에 정착했던 영국인들은 그곳을 찰스타운이라고 했다. 그곳에 식민지 개척을 하도록 승인한 찰스 2세를 기념하기 위해서였다. 영국 등 유럽과의 대서양 무역에다 서인도제도와의 근접성 때문에 찰스타운은 미국 남부의 무역 중심지가 되었다. 독립 전쟁 이전까지 찰스타운은 남부에서 가장 큰 도시이자 미국 전체로는 필라델피아, 뉴욕, 보스턴에 이어 네 번째로 큰 도시였다.

독립 전쟁 기간에도 찰스타운은 남부에서 가장 중요한 요충지였다. 1776년 6월 영국군은 찰스타운 항구 봉쇄 작전을 전개했다. 찰스타운 거주자의 적어도 4분의 1은 친영 왕당파였기에, 찰스타운 봉쇄로 남부 왕당파를 규합하면 손쉽게 전쟁에서 승리할 것으로 판단했기 때문이다. 하지만 독립파는 찰스타운 방어에 성공했다.

영국군은 독립 전쟁 초반에 북부에서 승기를 잡지 못하자 병력을 다시 남부로 이동시켰는데 그 중심이 사우스캐롤라이나였다. 1780년부터

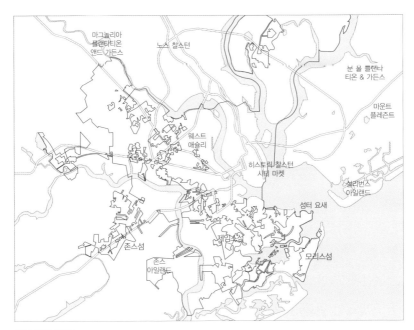

찰스턴의 지도

1782년까지 영국군은 사우스캐롤라이나를 점령했고, 찰스타운은 영국 군의 병참기지로서 핵심적인 역할을 했다. 영국군은 승기를 잡는 듯했 다. 하지만 영국군은 찰스타운을 비롯해서 사우스캐롤라이나 주민들의 적극적인 지지를 받지 못했고, 내륙 지대에서 왕당파의 적극적의 지지를 끌어내지 못했다. 결국 1781년 후반에 영국군이 버지니아의 요크타운에 서 패배함으로써 미국은 독립 전쟁에서 승리하게 되었다.

독립 전쟁의 승리로 찰스타운에서 영국군과 왕당파들이 물러나자 주민 들은 1783년 도시 이름을 찰스턴으로 개명했다. 한때 왕당파들의 본거지

였으며 영국군에 의해 굴욕적인 봉쇄를 당했다는 불명예에서 벗어나고자
했던 것이다. 전쟁 후 6만 명 정도의 왕당파가 찰스턴을 떠났지만 다른 6
만 명의 왕당파들은 찰스턴에 남아서 새로운 연방의 일원으로 흡수되었
다. 찰스턴은 남부 왕당파의 본거지라는 과거의 이미지를 탈피하고 새로
출범하는 미합중국의 중요한 정치적, 경제적 요충지로 부활하였다.

목화와 반란의 도시

1793년에 '조면기'가 발명되면서 찰스턴은 새로운 운명에 맞닿게 되었
다. 폭발적인 면화 수확량으로 인하여 찰스턴은 미국에서 가장 중요한
면화 무역항으로 부상했다. 면화가 미국 수출에서 차지하는 비중이 적어

조면기의 모습

도 40퍼센트가 되면서 찰
스턴은 미국 남부의 가장
중요한 무역항으로 급성장
하게 되었다.

그런데 이러한 호황은
목화 재배의 필수적인 배
경이었던 노예제도와 맞물
리게 되었다. 찰스턴은 노
예제도를 지지하는 남부

           남동부

면화 농장에서 일하고 있는 흑인 가족

주의 정치적 수도로서의 역할을 수행하기 시작했다. 북부의 입장에서 찰스턴은 연방의 통합을 저해하는 반란의 중심지였다. 해방 흑인들의 숫자가 갈수록 늘어나면서 찰스턴 거주 백인들은 북부의 반노예 운동에 민감하게 반응하기 시작했다.

1820년에 찰스턴의 인구는 2만 3,000명이었는데 흑인 인구가 과반수를 넘고 있었다. 찰스턴에 거주하는 해방 흑인들은 굴라Gullah라는 독특한 언어를 사용했다. 이는 아프리카어, 프랑스어, 독일어, 자메이카어, 영어, 바하마어, 그리고 네덜란드어들이 혼용된 독특한 흑인 언어로서 해방 흑인들의 언어였다. 1807년에 찰스턴 마켓이 설립되었는데 이는 수많은 해방 흑인들과 노예들의 집단 거주지였다. 이들 흑인들에 대한 백인들의 불안감은 고조되었다. 1822년 찰스턴에서 흑인 지도자였던 덴마크 베시와 추종자 50여 명이 폭동과 내란을 획책했다는 명분으로 잡혀서 교수형을 당했다.

찰스턴이 연방의 반란 도시로 낙인찍히게 된 배경에는 1828년과 1832년에 연방의회에서 통과된 관세법 파동이 있었다. 두 차례의 관세법으로 북부 주들과 서부 주들을 중심으로 제조업을 보호하기 위해 영국 등 외국에서 들어오는 물품에 대해 50퍼센트까지 관세를 올렸다. 이에 외국 수입품에 의존하던 남부 주들의 반발이 클 수밖에 없었다. 특히 남부의 주요 수출품이었던 면화에 대한 영국의 보복 관세가 높아지자 남부 대농장주들의 반발이 커졌다.

1832년 11월 사우스캐롤라이나 주의회는 연방 관세법에 대한 무효화 선언을 채택했다. 이 법을 주 우선권에 입각한 헌법의 원칙에 위배된 비헌법적인 법이라고 규정했다. 만약 연방 정부가 관세법을 강제적으로 실행할 경우 사우스캐롤라이나는 연방에서 탈퇴할 것이며 군사행동을 불사할 것이라고 으름장을 놓았다. 앤드루 잭슨 대통령은 연방 군대를 동원해서 사우스캐롤라이나의 '반란'을 응징하겠다는 초강수를 들고 나왔다. 사우스캐롤라이나는 한발 물러나 타협에 응했다. 결과적으로 이 사건은 30년 뒤에 현실이 된 남북전쟁의 서막이었다.

잭슨 대통령 이후 이렇다 할 강력한

앤드루 잭슨 대통령의 모습

대통령이 등장하기 전에 미국은 세 명의 상원의원이 사실상 각 지역의 대표자 역할을 했다. 북부를 대표하는 대니얼 웹스터, 서부를 대표하는 헨리 클레이, 남부를 대표하는 존 캘훈, 이 세 명의 상원의원이 주도하는 이른바 '상원 삼두정치' 시대가 도래하게 된 것이었다. 캘훈의 정치적 고향이었던 찰스턴은 자연스럽게 남부 주들의 정치적 일번지가 될 수밖에 없었다.

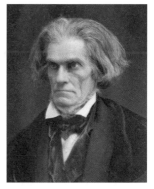

남부를 대표했던 정치가 존 캘훈

폐허가 된 남부연합의 상징

1860년 노예해방을 공약으로 내세운 에이브러햄 링컨이 대통령에 당선되자 사우스캐롤라이나는 가장 먼저 연방으로부터의 탈퇴를 선언했다. 그 뒤를 이어 남부의 여섯 주들이 탈퇴했다. 이들은 남부연합을 결성했다. 이 반란의 핵심이 사우스캐롤라이나였으며 그 중심지가 찰스턴이었다. 찰스턴 앞바다에 위치한 연방 요새 섬터를 남부연합이 공격한 것은 우연이 아니었다.

남북전쟁으로 찰스턴이 받은 물리적인 피해는 어마어마했다. 1861년 12월 연방 군대가 찰스턴에 대한 대대적인 공격을 감행했고 이로 인해

20만 평에 이르는 찰스턴 지역이 불바다
가 되었다. 수많은 성당과 교회, 관공서,
그리고 화려한 주택들이 잿더미로 변했
다. 150여 년의 역사와 문화를 자랑하는
찰스턴의 원래 모습을 찾기가 힘들게 되
었다.

1864년 11월 조지아주의 애틀랜타를
불태워 버린 후, 윌리엄 셔먼 장군은 동
쪽 해안선을 타고 무차별 파괴 전략을

**남북전쟁 당시 북군의 장군이었던
윌리엄 셔먼**

펼쳤다. 누구나 그들의 최종 목적지는 찰스턴이라고 생각했다. 하지만
셔먼은 찰스턴이 아닌 사우스캐롤라이나의 컬럼비아를 선택했다. 셔먼
에게 찰스턴은 제2의 고향이나 다름없었다. 1840년대에 찰스턴에서 군

1861년 당시의 섬터 요새

남동부

복무를 했으며 그곳에서 여자 친구를 사귀는 등 찰스턴에서의 기억이 좋았던 셔먼이 찰스턴을 선택하지 않았던 것이다.

1864년 4월 14일 섬터 요새에 다시 연방 국기가 올라갔다. 1861년 4월 13일에 남부연합 군대에 의해 연방 국기가 내려진 3년 뒤에 그 국기가 다시 세워진 것이다. 전쟁은 이후에도 1년 정도 계속되었지만, 찰스턴의 함락은 곧 남부연합의 패배의 상징이었다.

폐허에서 파라다이스로

남북전쟁 후 찰스턴은 1886년 진도 7.0 규모의 지진으로 직격탄을 맞아 다시 한번 폐허가 되었다. 찰스턴 지역에 소재한 2,000여 개의 건물들이 무너졌다. 현재 시가로 1억 3,000만 달러에 해당하는 재산 피해를 입었다. 당시 찰스턴 총 자산의 5분의 1에 해당하는 액수였다.

1920년부터 1940년 사이에 찰스턴은 대대적인 역사 보존 운동을 전개했다. 1931년에 찰스턴 시의회는 미국에서 최초로 역사 사적 구획 보존안을 제정해서 도시의 풍부한 역사적 가치를 보존하는 방식으로 도시 재개발 정책을 시작했다. 19세기 급격한 산업화에 따라 도시마다 고층 건물이나 공장들이 들어서는 것과는 대조적으로 찰스턴은 도시가 갖는 역사적 의미를 지켜 내고자 했다.

이러한 노력 중 가장 두각을 나타낸 것이 이른바 '무지개 거리' 만들

찰스턴에 만들어진 무지개 거리 ⓒNealVickers

기 운동이었다. 도시의 유명한 역사적 건물들을 각양각색의 파스텔 톤으로 색칠하기 시작했다. 1930년대뿐만 아니라 1970년대, 그리고 2003년에도 이러한 '무지개 거리' 운동이 전개되면서 찰스턴은 사우스캐롤라이나에서 가장 많은 관광객이 찾는 명소가 되었다. 2018년 기준으로 730만 명이 찰스턴을 방문할 정도로 남부의 대표적인 관광지로 각광을 받고 있다. 이러한 적극적인 도시 재생 사업으로 인해서 1980년까지 7만 명 정도의 인구에 머물렀던 찰스턴은 이제 14만 명이 넘는 성공적인 소도시로 자리매김하고 있다.

마차를 타고 유명한 자갈길을 따라 파스텔 톤으로 색칠된 찰스턴의 아름다운 건물들을 둘러보고, 여러 포대들이 설치되어 있는 해안을 산책하며, 미국의 가슴 아픈 상징이 된 섬터 요새를 둘러보면, 식민지 시대부터 남북전쟁까지 미국의 역사적 경험을 엿볼 수 있을 것이다.

09

애틀랜타

유토피아를 꿈꾸는 식민지,
새로운 남부의 중심지

지역 : 조지아주
인구 : 497,600명(2020년 현재)

가장 늦게 설립된 식민지

미합중국의 토대가 되는 13개 식민지 중에서 가장 늦게 개척된 식민지가 조지아이다. 1730년대 초반에 설립된 조지아 식민지는 다른 식민지와는 달리 특별한 종교적 목적이나 경제적 이유로 개척된 곳이 아니었다. 제임스 오글소프^{James E. Oglethorpe}는 런던에 거주하는 가난하고 빚에 찌들어 사는 사람들에게 새로운 희망을 줄 식민지를 만들어 주고 싶었기 때문에 조지아 식민지를 개척했다.

오글소프가 조지아에 눈독을 들인 이유는 조지아가 당시 유럽의 북아메리카 식민지 경쟁의 사각지대로 남아 있었기 때문이다. 영국은 사우스캐롤라이나를 사실상의 남부 경계로 보았고, 스페인은 지금의 플로리다 지역을 그들의 북부 경계로 여겼으며, 프랑스는 미시시피강 인근의 내륙 지역에 집중하고 있었다. 누구도 조지아에 적극적으로 진출하고 있지 않았다. 이 틈새를 노려 오글소프는 조지아 식민지를 개척했고, 영국 왕 조지 2세의 이름을 따서 조지아라고 명명했다.

인디언들과 함께 있는 제임스 오글소프

　조지아는 오글소프의 희망대로 가난한 영국 도시민들의 피난처로 자리 잡기 시작했다. 20명의 식민지 위탁 관리 협의회가 영국 의회의 재원을 받아 자치적으로 식민지를 운영했다. 그들이 가장 심혈을 기울인 것은 식민지가 성장하면서 정착인들 사이에 빈부 격차가 발생하지 않도록 하는 것이었다. 그래서 누구도 500에이커 이상의 땅은 불하받을 수 없었으며, 땅을 팔고 사지 못했고, 땅을 담보로 대출을 받을 수 없었다. 위탁 관리 협의회 구성원들은 아예 토지를 소유하지 못했다.

　또한 이들은 술 원료의 수입이나 제조를 금지했다. 술로 인하여 정착민들이 게을러질까 우려했기 때문이다. 흑인 노예도 금지했다. 정착민들이 근면 성실의 기독교적 가치관을 놓칠까 우려했기 때문이다. 조지아는 오글소프가 그렸던 이상향의 식민지로 순조롭게 정착되는 듯했다.

하지만 정착민들의 수가 늘어나자 그들은 토지 제한에 대해 불만을 표출했고, 술 제조와 판매 금지, 그리고 노예를 허가하지 않는 것에 반발하기 시작했다. 특히 식민지 정착에 경험이 있었던 사우스캐롤라이나를 비롯한 위쪽 식민지에서 건너온 정착민들이 이러한 반발의 중심에 있었다. 조지아는 소농민들의 유토피아가 아니라 대농장주들의 점유지가 되어 갔다. 노예들의 숫자도 늘어났다. 조지아는 점점 다른 남부 식민지와 닮아 갔다.

환상이 현실 앞에서 흔들리자, 1743년 9월 오글소프는 조지아를 떠났다. 영국으로 돌아간 그는 이후 조지아 식민지에 전혀 간여하지 않았고 다시는 조지아로 돌아오지 않았다.

남북전쟁과 '불타는 애틀랜타'

미합중국이 출범한 이후 조지아는 인접한 사우스캐롤라이나와 함께 미국 최남단 목화 산업지로 발전했다. 조지아의 사바나항은 사우스캐롤라이나의 찰스턴과 함께 목화 수출로 붐을 이루었고, 내륙 지역에 위치한 오거스타와 함께 목화 삼각지로 각광을 받았다.

하지만 다른 남부 지역과는 달리 조지아만의 특색을 드러내는 계기가 발생했다. 바로 철도가 들어오면서부터였다. 1837년, 지금의 애틀랜타 중심지인 파이브 포인츠가 남부 철도의 종착역으로 선정되었다. 얼마 후에 건설된 테네시주 채터누가 터미널과 연결되면서 애틀랜타는 남부의 교통과 물류의 핵심 도시로 급성장하게 되었다. 처음에는 도시의 이름을 철도 종착역이란 의미로 터미너스^{Terminus}로 했다가 당시 주지사의 딸 이름을 따서 마사스빌^{Marthasville}로 변경한 후 1845년 애틀랜타로 바꿨다. 마사스빌의 중간 이름 애틀랜타에서 따온 이름이다. 1849년에 전신국이 애틀랜타에 들어서고 1854년에 애틀랜타와 인근 교외 지역을 통합한 풀턴카운티가 설립되면서 지금의 행정구역의 형태로 자리를 잡게 되었다.

하지만 성장 일로를 치닫던 애틀랜타는 남북전쟁으로 치명적인 타격을 받게 되었다. 전쟁의 끝 무렵인 1864년 11월 15일, 윌리엄 셔먼 장군이 이끄는 연방군은 애틀랜타 전역을 불태워 버렸다. 셔먼은 남부연합의 군수 및 병참의 중심이었던 애틀랜타를 완전히 파괴하지 않고는 남북전쟁이 쉽게 종결되지 않을 것이라고 판단했던 것이다. 무려 3,000여 개의 건물들이 잿더미가 되었다. 마거릿 미첼의 소설 〈바람과 함께 사라지다〉는 1939년에 영화로 만들어졌는데, 영화에서 불타는 애틀랜타의 모습을 생생히 볼 수 있다.

셔먼은 애틀랜타를 폐허로 만든 후에 유명한 '바다로의 행진' 작전을 수행하여 애틀랜타에서 동해안을 따라 진격하면서 보이는 것은 무조건 파괴하였다. 남부연합의 의지를 완전히 무너뜨리려고 했던 것이다. 12월 21일 조지아의 사바나를 마지막으로 악명 높은 파괴 작전은 끝이 났다.

영화 〈바람과 함께
사라지다〉의 포스터

영화 〈바람과 함께 사라지다〉 중
애틀랜타가 불타는 장면

폐허 속에서 세계적인 도시로

전후 급속한 산업혁명의 토대가 철도였기 때문에, 애틀랜타는 남부와 서부의 물류와 수송의 중심지로 다시 부상하기 시작했다. 하지만 애틀랜타는 여전히 조지아와 남부의 경제적 중심지였지 전국적으로 주목을 받지는 않았다. 남북전쟁의 폐허로 조지아를 비롯한 다른 남부 주들이 미국의 산업화에 적극적으로 편승하기에는 한계가 있었다. 사실 남북전쟁 이전에도 남부의 산업이란 주로 목화에 근거한 것이었기에 철강, 석유, 금융 등의 첨단 산업화와는 거리가 있었다. 새로운 남부를 보여 주는 뭔가 새로운 계기가 필요했다.

그 계기가 애틀랜타에서 발생했다. 향후 미국을 대표하는 음료인 코카콜라가 애틀랜타에서 상품화되었다. 1886년에 남북전쟁 중에 남부연합의 대령이었던 애틀랜타의 어느 약사가 조지아는 물론 남부, 그리고 미국 전체의 신화를 창출했다. 그가 코카콜라를 만든 존 펨버턴이다. 그는 코카나무의 잎과 열매, 카페인 등을 주원료로 하는 새로운 청량음료를 만들어 상품화하였다. 그는 원래 신경안정제와 같은 의약품의 일종으로 음료를 개발했으나, 코카콜라는 시간이 지나면서 미국인들에게 폭발적으로 사랑을 받는 청량음료가 되었다.

코카콜라가 미국의 음료일 뿐 아니라 국외에서도 아메리카니즘의 대명사로 부상하게 된 계기는 제2차세계대전이었다. 미 국방성의 후원으로 매출이 대폭적으로 늘어나면서 코카콜라는 미국 자본주의의 대명사가 되었다. 코카콜라는 본사에서 원액만을 제조하고 국외의 회사가 물, 탄산, 설탕 등을 첨가하며, 철저한 현지주의 채용을 유지하는 방식으로 사업을 확장시켰다. 현재 전 세계에서 북한을 제외한 200여 개 국가에서 단일 기업으로는 1위를 차지할 정도로 세계적인 기업으로 정착했다. 코카콜라의 독특한 단맛은 세계인의 입맛을 사로잡았고, 공산주의의 철의 장막도 녹일 만큼 그 영향은 지대했다. 조금 과장해서

코카콜라를 최초로 발명한 존 펨버턴

**라스베이거스에 있는
코카콜라 조형물**

얘기하면 1989년 베를린장벽의 붕괴와 곧 이은 소련 연방의 해체의 보이지 않는 힘은 코카콜라가 갖는 자본주의의 단맛이라고 할 수 있다.

민권운동의 지도자 킹 목사의 고향

애틀랜타는 1960년대의 민권운동으로 말미암아 미국의 관심을 받게 되었다. 애틀랜타 도시가 민권운동의 중심지가 되어서가 아니라 민권운동의 대표적 지도자였던 마틴 루서 킹 목사가 태어난 곳이기 때문이다. 애틀랜타는 이후 '근대 민권운동의 요람'으로 명성을 유지하고 있다.

흑인 민권운동의 지도자 마틴 루서 킹 목사

킹 목사는 1929년 애틀랜타의 침례교 목사의 아들로 태어났다. 증조부부터 침례교 목사로서 3대째 침례교 목사의 집안에서 자란 킹 목사는 어릴 적부터 흑인들이 얼마나 많이 백인 우월주의자들과 인종차별주의자들에게 멸시와 폭행을 당하고 사는지를 목격하면서 성장했다. 이는 훗날 그가 인종차별을 없애려는 노력에 선봉을 서게 된 중요한 배경이 되었다.

킹 목사는 1963년 8월 워싱턴 D.C.에서 열린 워싱턴 행진 때 링컨 기념관 앞에서 행한 연설 '나에게는 꿈이 있습니다'로 미국인들에게 깊은 감동을 주었다. 그는 인종차별의 철폐와 각 인종 간의 공존이라는 고매한 사상을 간결하고도 호소력 있게 외치며 감동을 주었다.

"나에게는 꿈이 있습니다. 조지아주의 붉은 언덕에서 노예의 후손들과 노예 주인의 후손들이 형제처럼 손을 맞잡고 나란히 앉게 되는 꿈입니다. …

나에게는 꿈이 있습니다. 내 아이들이 피부색을 기준으로 사람을 평가하지 않고 인격을 기준으로 사람을 평가하는 나라에서 살게 되는 꿈입니다. 지금 나에게는 그 꿈이 있습니다!

나에게는 꿈이 있습니다. … 흑인 어린이들이 백인 어린이들과 형제자매처럼 손을 마주 잡을 수 있는 날이 올 것이라는 꿈입니다."

애틀랜타의 스위트 오번Sweet Auburn 거리를 걷다 보면 킹 목사의 '꿈이 있다'는 연설이 재생되는 듯한 환청을 느낄 수 있을 것이다. 여기에는 킹 목사를 기리는 유적지뿐만 아니라 흑인 대학교들이 몰려 있다. 현재 애틀랜타는 워싱턴 D.C.와 함께 미국 내에서 가장 많은 흑인 문화와 흑인

애틀랜타의 스위트 오번 거리 ⓒKen Lund

남동부

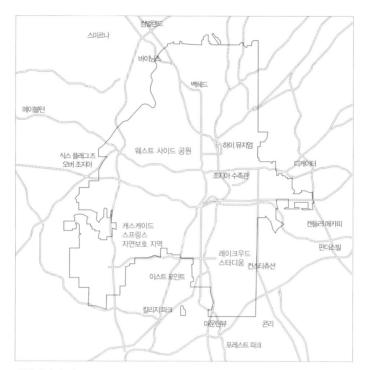

애틀랜타의 지도

기업들이 모여 있는 도시이다. 미국 내에서 가장 많은 흑인 중산층이 살고 있는 곳이기도 하다.

가난한 이들에게 보금자리를 제공하기 위해 식민지 개척을 시작했던 제임스 오글소프의 이상이 300년 만에 현실이 되었다. 현재 애틀랜타의 흑인 인구는 200만 명이다. 뉴욕(320만 명) 다음으로 미국에서 가장 많은 흑인들이 거주하는 도시이다. 인구 대비로는 34.2퍼센트로 뉴욕(16퍼센트)보다 앞선다.

루이빌

윌리엄스버그

찰스턴

애틀란타

마이애미

10

마이애미

짧은 기간에
마법을 부린 도시

지역 : 플로리다주
인구 : 461,100명(2020년 현재)

MIAMI

봄방학Spring Break이 시작되면 미국 대학생들은 들뜨기 시작한다. 따뜻한 날씨, 넓게 펼쳐진 백사장, 밤낮 계속되는 파티, 다양하고 진귀한 먹을거리, 그리고 흥미로운 볼거리, 이런 것을 충족해 줄 최고의 장소를 상상한다. 플로리다 남단에 위치한 마이애미는 항상 이들이 가고 싶은 최고의 행선지이다.

대학생들뿐만 아니다. 추운 계절이 다가오면 북동부와 중서부 등에 거주하는 미국인들은 따뜻한 태양 아래 여유로운 휴가를 즐길 장소를 물색한다. 이들은 플로리다를 우선적으로 생각하고, 마이애미는 그중에서도 빠질 수 없는 곳이다.

하지만 마이애미는 19세기 말까지 미국인들에게 거의 알려지지 않은 곳이었다. 사실 플로리다주 자체가 미국인들의 관심을 크게 받지 않았다. 1821년 미국이 스페인으로부터 플로리다를 매입했지만, 플로리다는 1845년 3월 3일에야 미합중국에 편입되었다. 남북전쟁 때 남부연합에

마이애미의 풍경 ⓒMarc Averette

가담했지만 플로리다는 격전지가 아니었다. 물론 1864년 올러스티^{Olustee}

전투와 1865년 내추럴브리지^{Natural Bridge} 전투에서 승리를 거둬 성공적으

로 탤러해시를 방어했다. 탤러해시는 텍사스주 오스틴과 함께 연방군에

포획되지 않은 단 2개의 남부연합의 수도였다.

'마이애미의 어머니' 터틀의 도전

남북전쟁 이후에도 플로리다에는 별다른 변화가 없었다. 감귤류 재배를

위한 대농장들이 하나둘 들어서기는 했지만, 여전히 전후 불어닥친 산업

줄리아 터틀의 초상화

화의 열풍에서는 벗어나 있었다. 마이애미 역시 마찬가지였다. 그런데 의외의 사람에 의해서 마이애미라는 타운이 건립되었다.

1890년, 오하이오주 클리블랜드에서 평범한 여성이었던 줄리아 터틀^{Julia} ^{Tuttle}이 지금의 마이애미로 이사했다. 죽은 아버지 재산을 처분해 지금의 마이애미시 중심가에 640에이커의 땅을 매입했다. 아름다운 해변과 온화한 기후 등이 관광 명소로 최적이라고 판단했던 것이다.

이를 위해선 기차가 들어와야 한다고 판단한 터틀은 플로리다 이스트 코스트 철도 회사를 운영하고 있던 헨리 플래글러^{Henry Flagler}를 설득하기 시작했다. 그녀는 플래글러에게 그가 만약 마이애미에 철도를 건설한다면 소유한 땅 절반을 주겠다고 약속했다. 플래글러는 이 제안에 시큰둥했다. 그런데 1894~1895년 겨울의 맹추위로 플로리다 중상류 지역에서 재배되던 감귤류 농사가 큰 피해를 입게 되자 터

헨리 플래글러의 초상

남동부

틀은 감귤류 재배를 위해선 플로리다 남쪽이 필요하다고 생각했다. 결국 플래글러는 터틀의 요구를 받아들여 플로리다 이스트코스트 철도를 마이애미까지 연장하는 건설에 착수했다. 1896년 4월 22일, 마이애미에 철도가 들어섰다.

플로리다 남단 해안에 방치되었던 땅이 지금의 마이애미로 성장하게 되는 초석이 다져진 것이다. 미국 도시 중에서 유일하게 여성에 의해 건립된 도시가 탄생한 순간이었다. 터틀은 '마이애미의 어머니'로 불리게 되었다.

유대인의 유토피아

1890년대 마이애미의 성장에는 유대인의 역할이 컸다. 1896년 2월 12일, 이지도어 코언Isidor Cohen은 지금의 플래글러 스트리트의 북서쪽 코너와 다운타운 1번가 사이에 마이애미 최초의 상점을 열었다. 그해에 마이애미에 16개의 사업체가 들어섰는데 그중 12개를 유대인이 소유했다. 당시 대다수의 유대인들은 뉴욕이나 키웨스트에서 건너왔는데, 이들은 러시아와 루마니아 등 동유럽에서 이민 온 유대인들이었다.

1913년에 헝가리에서 이민 온 조 와이스Joe Weise와 그의 아내 제니가 마이애미에 정착해서 식당을 열었다. 그것이 마이애미에서 가장 오래된 '조의 스톤크랩Joe's Stone Crab 레스토랑'으로서 지금까지 마이애미에서 가

'조의 스톤크랩 레스토랑'의 모습 ⓒCullen328

장 유명한 식당이다. 유명인들이 애용했던 식당으로서 특히 시카고에 기반을 둔 알 카포네가 마이애미 별장에 기거할 때는 이 식당을 애용한 것으로도 유명하다.

1920년도 중반에 마이애미에는 100여 명의 유대인이 살았는데 1929년에는 무려 3,500명으로 늘었다. 워싱턴 애비뉴 3가에 유대인 시너고그가 들어섰는데 이는 지금의 플로리다 유대인 박물관의 일부이다. 또한 유대인들은 1922년에 템플 이스라엘을 설립했고, 그 구성원들이 1925

마이애미 대학교에
있는 베타 벨
ⓒRussland345

년 마이애미 대학교를 설립하는 데 주역이었다. 마이애미 대학교에 최초
의 현대 유대학 및 힐릴 센터가 설립되었다.

1930년대부터 유대인들은 더욱 활발하게 마이애미에서 사업장을 늘
려 갔는데, 주로 호텔 및 소매업 분야에 진출했다. 1940년에 유대인은
마이애미 인구의 20퍼센트에 이르렀다. 1943년에는 미셸 월프슨[Michell]

Wolfson이 마이애미 최초로 유대인 시장이 되었다. 이후 16명의 유대인이 마이애미 시장에 당선될 정도로 마이애미에서 유대인이 차지하는 정치적, 경제적 영향력이 막대했다.

제2차세계대전 후 마이애미는 미국에서 가장 큰 경제적 호황을 누리는 도시 중 하나가 되었다. 1950년에 유대인은 마이애미 인구의 절반을 차지했고, 1960년대와 1970년대에는 유대인의 인구가 60퍼센트까지 치솟았으며 마이애미 남부로만 한정한다면 무려 80퍼센트를 차지했다.

현재는 유대인이 마이애미 인구의 15퍼센트를 차지하고 있는데, 이는 마이애미의 폭발적인 성장으로 다른 미국인들이 상대적으로 많이 이주했기 때문이다. 마이애미에는 현재 15개의 유대인 회당과 수많은 유대인 식당들이 있으며, 유대인 커뮤니티 센터와 홀로코스트 및 유대인 관련 박물관이 있다. 마이애미를 비롯한 남플로리다에는 현재 51만 4,000명 정도의 유대인이 살고 있다.

새로운 쿠바

1949년 피델 카스트로 혁명이 발발하자 수많은 쿠바인들이 미국으로 이주했다. 마이애미는 그 지역적 인접성으로 인해 이후 15년 동안 약 50만 명의 쿠바인들이 마이애미에 정착했다. 1980년대와 그 이후에 쿠바인들은 꾸준히 마이애미로 이주했는데 이때 건너온 쿠바인들이 약 40만

쿠바에서 공산주의 혁명을 일으킨 피델 카스트로
ⓒ Marcelo Montecino

명 정도였다.

　이러한 쿠바인들이 모여 사는 공동체, 이른바 '쿠바 마이애미'는 독특한 쿠바의 문화와 전통을 지키면서 마이애미의 다문화 특색의 풍미를 더해 갔다. 현재 이들은 주로 마이애미 북서부의 하이얼리아^{Hialeah}, 남서부의 웨체스터, 스위트워터, 켄데일 호수 지역에 거주하고 있다.

　UN 통계에 의하면 마이애미는 현재 전 세계에서 외국 태생 거주민 비율이 59퍼센트로 가장 높은 곳이다. 2015년~2019년 통계에 의하면 미국 내 쿠바 이민자들이 129만 명 정도인데 그중 약 70만 명 정도가 마이애미 메트로폴리탄에 살고 있으니, 쿠바 이민자 중 54퍼센트 정도가 이 지역에 살고 있다는 것이다.

　쿠바인들이 차지하는 인구수에 따라 마이애미 정치에서 이들이 차지하는 영향력은 클 수밖에 없다. 다른 중남미 이주자들과는 달리 이들은 공화당 성향이 강하다. 이들은 공산주의 혁명을 피해 피난 왔기 때문에 반공주의를 지향하는 공화당에 우호적이다. 1961년 케네디 정부가 피그만 공격에 실패하면서 더욱 공화당에 기울게 되었다. 시간이 지나면서 공화당과 민주당 간 차이가 좁혀지긴 했지만, 여전히 마이애미 쿠바인들은 공화당 성향이 강하다. 2016년 선거와 2020년 선거에서 이들은 도널드 트럼프에 더 많은 표를 던졌다.

마약의 수도

1970년대와 1980년대에 이르면서 마이애미는 '마약의 수도'라는 오명을 안게 되었다. 콜롬비아 마약의 70퍼센트가 마이애미를 거쳐 미국 전역으로 퍼져 나갔다. 1980년대와 1990년대 초반 콜롬비아 마약 카르텔의 황제였던 파블로 에스코바르는 마약으로 전 세계에서 최고의 부자가 되었고, 그의 미국 본거지가 마이애미였다. 또한 1980년대뿐만 아니라 2000년도 초까지 미국 마약 카르텔의 '여왕'으로 활약했던 그리셀다 브롱코Griselda Bronco는 매년 3톤 이상의 마약을 미국에 들여왔고, 그것은 마이애미를 중심으로 분배되었다. 그녀는 2012년 살해되기 전까지 '세계에서 가장 부유하고 위험한 여성'이란 명성을 얻기까지 했다.

콜롬비아 마약 카르텔 황제였던 파블로 에스코바르

마약은 1970년대부터 마이애미 부동산 개발의 보이지 않는 원천이었다. 하루가 멀다 하고 호텔이 들어서고 고급 주택이 들어섰다. 1982년 미국 전역을 덮쳤던 부동산 침체

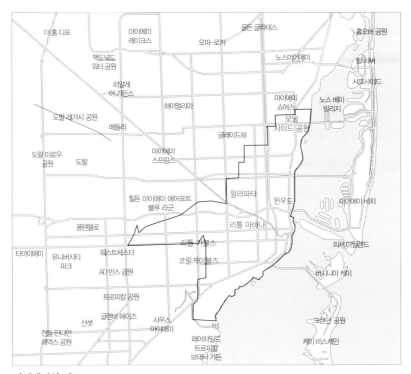

마이애미의 지도

기에도 마이애미의 부동산 산업은 시들지 않았다. 주택 거래의 3분의 1
은 현금으로 지불되었다. 마약상들이 현금 세탁을 위해서 현금으로 부동
산을 사들였기 때문이다. 마약은 부동산뿐만 아니라 마이애미 은행 등
을 포함한 금융 산업이 부흥하게 되는 배경이 되기도 했다. 일반 시민들
에게도 마약은 생활의 일부가 되었다. 이발소와 치과 병원에서도 마약을
현금 대신 받기도 했으니 당시 얼마나 마약이 일상화되었는지를 상상할

수 있다.

마이애미와 그 메트로폴리탄 지역은 이제 600만 명 인구가 거주하는 미국의 대형 도시로 성장했다. 마이애미의 별명이 '마법의 도시$^{\text{Magic City}}$' 인데 이는 짧은 기간에 놀라운 속도로 성장해 간 도시에 대한 압축적인 설명이라 할 수 있다. 하지만 그 마법의 근원에 마약이 있으니 이제 마법은 더 이상 옛날의 긍정적 의미라 할 수 없다.

11

루이빌

서부 개척의 전설이
KFC의 성지가 되다

지역 : 켄터키주
인구 : 618,700명(2020년 현재)

대니얼 분과 윌리엄 클라크의 도시

대니얼 분의 초상

미국의 역사는 서부 개척의 역사라고 해도 과언이 아니다. 그 서부 개척의 전설적인 인물이 켄터키의 대니얼 분^{Daniel Boone}이다. 그는 1769년, 지금의 버지니아, 켄터키, 테네시가 만나는 컴벌랜드갭을 지나 켄터키로 들어가는 황무지를 불태워서 길을 닦았다. 그것이 지금도 존재하는 월더니스로드^{Wilderness Road}이다. 그리고 1775년 그는 산 너머에 마을을

설립했다. 애팔래치아 산맥 서쪽에 있는 최초의 영어 사용 정착지 중 하나인 분즈버러^{Boonesborough}이다. 글자 그대로 분이 세운 마을이다.

분의 탐험과 그가 전한 서부 켄터키 황야의 이야기는 많은 사람들의 호기심을 자극했고, 그들로 하여금 서부로의 이주를 결심하게 만들었다. 18세기 말까지 분이 표시한 경로를 따라 20만 명 이상이 켄터키로 이주

했다. 분은 죽은 후에도 수많은 영웅담과 소설의 주제가 되었다. 미국 대중문화에서 분은 미국 초기 개척 시대의 신화적인 영웅으로 기억되었다.

개척 선구지로서의 루이빌은 또 한 사람의 위대한 인물을 낳았다. 1803년 제퍼슨 대통령의 명을 받고 서부 탐사를 주도했던 윌리엄 클라크이다. 클라크는 메리웨더 루이스와

윌더니스로드의 풍경

함께 미국 서부 개척의 이정표적인 사건인 루이스-클라크 탐사를 시작했다. 그 시작점이 루이빌 맞은편에 있는 현재의 인디애나주 클라크스빌이었다.

윌리엄 클라크의 초상

1776년 미국의 독립 전쟁은 서부 개척민들의 입장에서는 영국의 간섭 없이 자유롭게 서부로의 개척을 보장받을 수 있는 새로운 기회였다. 1778년, 당시 버지니아 영토였던 지금의 루이빌에 정착촌을 설립했던 사람이 조지 로저스 클라크였다. 그는 도시 이름을 프랑스의 루이 16세를 기리기 위해 루

조지 로저스 클라크의 모습

이빌이라고 명명했다. 미국독립전쟁에서 미국의 우방으로 참전했던 프랑스에 대한 고마움을 담고 싶었던 것이다.

클라크 형제들은 독립 전쟁 기간에 루이빌 지역에서 영국군을 돕고 있던 인디언들과의 전투에 참전했다. 전쟁 후 클라크 형제들과 세 명의 여동생, 그리고 부모는 루이빌 인근 '베어그라스크리크Beargrass Creek'에 도착해서 새로운 삶을 개척하기 시작했다. 그 형제의 막내가 윌리엄 클라크였다.

'피의 월요일'로 얼룩진 개척의 상징

루이빌은 오랫동안 대니얼 분과 윌리엄 클라크의 고향으로서 서부 개척의 상징적인 도시로 알려졌다. 대다수의 서부 개척지가 그렇듯이 루이빌 역시 동부의 미국인들뿐만 아니라 유럽 이민자들에게 새로운 기회를 추구할 수 있는 희망의 도시로 부상했다.

하지만 새로운 기회와 희망의 도시로서의 이미지는 한순간에 무너져 내렸다. 1855년 8월 6일 루이빌에서 발생한 '피의 월요일' 때문이었다.

적어도 22명이 사망하고 수많은 건물과 집들이 방화와 파괴 등으로 훼손된 사건이었다. 피해자들은 거의 독일 및 아일랜드계 이민자들이었다.

1850년대에 이른바 앵글로색슨 프로테스탄트의 '토착주의자들'은 대대적인 반가톨릭, 반아일랜드, 반독일인 운동을 전개해 나갔다. 이들은 가톨릭계 이민자들이 미국의 프로테스탄트 전통을 훼손하고 있다고 비판했다. 이런 배경에서 1854년 '무지당Know Nothing Party'이 창당되었다. 무지당은 '미국당'으로 명칭을 바꿔서 민주당에 대항하며 주로 대도시를 중심으로 정치적 영향력을 키워 가고 있었다. 이들은 미국 전역에서 물리적인 방법을 동원해서 가톨릭 이민자들에 대한 위협과 위해를 자행했다. 세인트루이스, 신시내티, 볼티모어, 필라델피아, 뉴올리언스, 샌프란시스코를 포함해서 수많은 도시들에서 '토착주의자'들의 실력 행사가 자행되었다. 그중 가장 비극적인 사건이 루이빌에서 발생한 것이었다.

무지당의 캠페인 포스터

루이빌이 다른 대도시에 비해서 아일랜드와 독일 이민자들이 많았던 것은 사실이다. 3만 6,000명의 백인 인구 중 1만 1,000명이 이민자였는데, 대부분은 아일랜드인과 독일인이었다. 이들은 도시 인구의 3분의 1을 차지했다. 하지만 독일인들은 상당수가 루터교도였다. 그렇기에 새로운 이민자들이 가톨릭교도로서 로마 교황청의 지령에 의해서 미국을 가톨릭 국가로 변화시키려 한다는 토착주의자들의 주장은 설득력이 없었다. 또한 오하이오강과 미시시피강에 있는 다른 주요 도시와 마찬가지로 아일랜드와 독일 이민자들은 루이빌의 빠른 성장에 지대한 공헌을 했다. 하지만 그 시대의 광적인 반가톨릭 운동은 그 무엇으로도 제동을 걸 수 없었다. '피의 월요일'은 루이빌이어서 발생했던 것이 아니라, 미국의 광기가 루이빌이라는 도시에서 발생했을 뿐이다.

남북전쟁과 끝나지 않은 비극의 유산

토착주의자들과 가톨릭 이민자들의 대결이 19세기 전반기 미국의 역사에서 중요한 것은 사실이다. 하지만 미국에서는 시간이 지나면서 더 크고 더 파괴적인 대결이 심화되었다. 바로 노예제도를 고수하려는 남부와 노예해방을 관철시키려는 북부의 대결이었다. 대결은 결국 연방을 갈랐고 내전으로 몰고 갔다.

남북전쟁 초기에 북부 연방과 남부연합의 최대 관심사는 켄터키가 어느 편으로 합류하는가였다. 켄터키는 노예주였기에 남부 성향이 강한 주였다. 켄터키로 이주한 사람들과 그 선조들은 버지니아, 노스캐롤라이나 등 남부 주 출신이 많았다. 1860년 선거에서 링컨 역시 켄터키에서 승리하지 못했다. 하지만 미시시피강으로 연결되는 오하이오강을 끼고 있는 켄터키는 미국의 서부 팽창과 내륙 발전에서 중추적인 지역으로서 북부 산업 벨트의 연장선에 있었다.

남북전쟁에서 켄터키는 중립을 선택했다. 연방 대통령 링컨의 출생지이자 남부연합 대통령 제퍼슨 데이비스의 출생지이기도 했던 켄터키는 중립을 표방할 수밖에 없었다. 하지만 켄터키 주민들은 갈라졌다. 남부연합에 지원해서 싸운 사람들도 있었고 연방에 지원해서 싸운 사람들도 있었다. 형제가 형제에게 총을 겨눈 대표적인 주가 켄터키였다. 링컨의 처남들도 남군에 지원했다. 대통령인 매형에게 총을 겨눈 셈이었다.

켄터키의 중립은 오래가지 못했다. 1861년 9월에 연방에 우호적인 주의회가 들어서면서 켄터키는 연방군의 주요한 요새가 되었다. 루이빌은 오하이오강이 미시시피강으로 연결되는 전략적 요충지였기에 연방군의

서부 작전에서 중요한 요새였던 것이다. 지금도 남아 있는 루이빌 시내의 골트 하우스Galt House 여관에서 율리시스 그랜트 총사령관과 셔먼 장군이 만나서 '서부로의 진격'을 결정했다. 이 작전은 남부연합의 숨통을 끊는 데 결정적인 역할을 했다. 또한 루이빌은 가장 큰 흑인 징집소와 훈련소인 캠프 넬슨이 세워진 곳이었다.

율리시스 그랜트 총사령관의 모습

1895년 루이빌 대학교 내에 21미터 높이의 기념탑이 세워졌다. 남북전쟁 때 목숨을 잃은 남부연합 병사들을 기리는 탑이었다. 하지만 루이빌의 민권운동가들은 루이빌 대학 내에 세워진 그 기념탑을 없애거나 다른 곳으로 옮겨야 한다고 요구했다. 루이빌이 갖는 노예제도에 대한 어두운 기억들을 지워야 한다는 것이었다. 이후 오랫동안 이 문제는 대학과 시의 법적인 공방으로 이어졌다. 결국 2016년에 공청회 등을 거쳐 루이빌 시장은 기념탑을 인근 브란덴버그로 옮기기로 결정했고, 다음 해 5월 새로운 위치로 옮겨졌다. 남북전쟁이 끝난 지 150여 년이 지났지만 루이빌은 여전히 그 어두운 그늘에서 완전히 벗어났다고 할 수 없다.

새로운 남부, 세계 속의 도시가 된 KFC의 성지

할랜드 샌더스의 모습

루이빌이 남북전쟁의 그늘에서 벗어나 세계적으로 유명하게 된 것은 하나의 음식 때문이었다. 1930년 할랜드 샌더스Harland Sanders는 켄터키주 노스코빈의 고속도로 주유소 식당에서 프라이드치킨을 팔기 시작했다. 그것이 그의 운명을 바꿨고, 켄터키의 이미지를 미국인과 세계인에게 각인시키는 데 결정적인 역할을 했다.

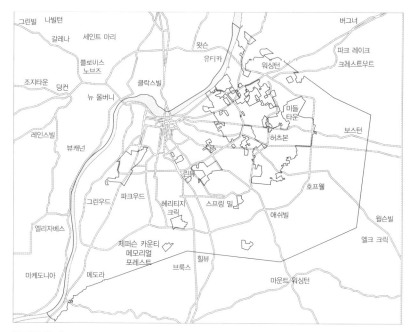

루이빌의 지도

사실 샌더스는 켄터키 출신이 아니었다. 그는 인디애나에서 태어났으며, 40년 동안 미국 전역을 돌아다니며 여러 직업에 몸담았다. 성공적인 삶을 살았다고 할 수 없었다. 그런데 그의 나이 40세에 노스코빈에서 팔기 시작한 프라이드치킨이 그의 운명을 바꾼 것이다. 1952년 유타의 솔트레이크시티에서 최초로 그의 프라이드치킨 체인점이 들어서더니 순식간에 전국적으로 체인점이 늘어 갔다. 이러한 성공은 샌더스의 프라이드치킨을 만드는 '비법'에도 있었지만, 근본적으로 요리에 붙은 지명 때문이었다. 프라이드치킨에 켄터키라는 지명이 붙는 순간 많은 사람들은

KFC 아웃렛의 모습

가족적이며 손님을 환대하는 남부의 정서가 묻어 있다고 생각한 것이다.

사실 프라이드치킨은 오랫동안 흑인 노예들의 솔푸드였다. 백인 농장주들은 대체로 닭고기를 끓이거나 쪄서 먹었다. 노예들은 그들이 잘 먹지 않는 날개라든지 발 부위 등을 돼지기름 등에 튀겨서 요리해서 먹었다. 그런데 남북전쟁 이후 백인들이 먹기 시작하면서 대표적인 남부 음식으로 알려진 것이다.

역사의 아이러니가 아닐 수 없다. 노예제도의 아픔이 깃들어 있는 음식이 가족적이며 손님을 환대하는 남부의 정서가 깃든 음식으로 탈바꿈되었으니 말이다. 어떻든 간에 특정한 음식이 지역 정서를 초월한 미국적이며 세계적인 음식으로 성공을 거뒀으니, 그 본사가 위치한 루이빌은 새로운 켄터키와 새로운 남부의 이미지로 거듭나게 되었다.

제3부
중서부

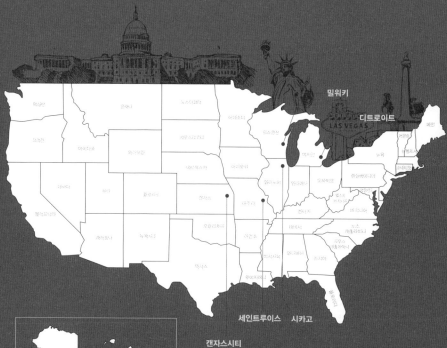

밀워키

디트로이트

LAS VEGAS

워싱턴

오리건

몬태나

노스다코타

아이다호

와이오밍

사우스다코타

위스콘신

미시간

뉴욕

네바다

유타

콜로라도

네브래스카

아이오와

일리노이

인디애나

오하이오

펜실베이니아

뉴저지

캘리포니아

애리조나

뉴멕시코

캔자스

미주리

켄터키

웨스트
버지니아

버지니아

뉴햄프셔

매사추세츠

코네티컷

노스
캐롤라이나

텍사스

오클라호마

아칸소

테네시

사우스
캐롤라이나

루이지애나

미시시피

앨라배마

조지아

플로리다

세인트루이스   시카고

캔자스시티

알래스카

하와이

12

시카고

새로운 미국의 심장,
'바람의 도시'

—

지역 : 일리노이주
인구 : 2,699,000명(2020년 현재)

새로운 미국, 그 중심에 선 시카고

1893년 세계 박람회 장소를 놓고 연방의회에서 치열한 논쟁이 벌어졌다. 가장 접전을 벌인 곳이 뉴욕과 시카고였다. 최종 승자는 시카고였다. 크리스토퍼 콜럼버스의 아메리카 대륙 발견 400주년을 기념하는 뜻깊은 박람회 장소로서 시카고가 선정된 것이다. 산업과 물류, 그리고 금융과 문화의 중심지였던 뉴욕이 아니라 시카고가 선정된 것은 놀라운 일이었다. 미국 정부는 완성된 도시 뉴욕을 선택하기보단, 서부 개척의 중심지로서 급속히 성장하고 있는 시카고를 선택한 것이다.

　탈락한 뉴욕의 실망은 컸다. 뉴욕 언론인 찰스 데이나는 시카고를 '바람의 도시Windy City'라고 비꼬았다. 미시간호에서 불어오는 매서운 바람을 가리켜서 붙인 별명이지만, 시카고 사람들은 바람만 잔뜩 뿜어내는 허풍쟁이들이란 의미에서 유래되기도 했다. 사실 1870년대부터 신시내티 야구팀 '레드스타킹'이 라이벌인 시카고 '화이트스타킹'을 비아냥거리면서 시카고를 '바람의 도시'라고 불렀는데, 결과적으로 데이나가 그 별칭

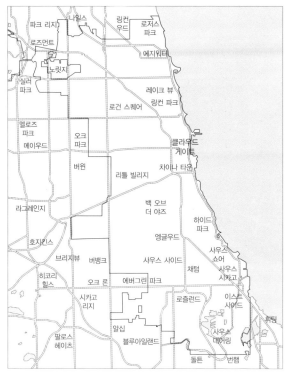

시카고의 지도

을 더욱 유명하게 만들었던 것이다.

1893년 시카고 세계 박람회는 허풍쟁이들의 쇼가 아니었다. 지금의 잭슨 공원을 중심으로 개최된 박람회는 대성공이었다. 역사상 최초로 박람회 전체 시설이 전기에 의해 작동되었다. 전 세계에서 무려 2,700만 명이 관람했다. 야외 행사 참관 수의 세계 최고 기록이었다.

불과 20여 년 전에 시카고는 대형 화재로 도시의 대부분이 불에 타고 말았다. 1871년 시카고 대화재는 미국 역사상 가장 큰 화재였다. 300명

1871년 시카고 대화재를 묘사한 그림

이 목숨을 잃었고, 도시 거주민 3분의 1이 집을 잃었다. 하지만 시카고는 놀라운 속도로 재건에 성공했다. 순식간에 옛 모습을 되살렸을 뿐만 아니라 더 튼튼하고 세련된 건축물이 들어섰다. 시카고는 '대화재'를 딛고 '대재건'에 성공한 것이다. 이것이 시키고의 힘이었고, 서부 팽창으로 향하는 미국의 힘이었다.

경제와 정치의 중심지로 부상한 시카고

박람회 60년 전인 1833년 시카고의 인구는 고작 200명 정도였다. 7년 후 시카고시가 설립될 때는 4,000명으로 증가했다. 1850년에는 2만 8,000명으로 증가했다. 남북전쟁이 발발할 당시 시카고는 무려 11만 명으로 증가했고, 1880년에는 50만 명으로 늘었다. 박람회 때는 100만 명이 넘었다. 1910년에는 그 두 배가 넘는 220만 명까지 증가했다.

시카고가 급성장할 수 있었던 가장 큰 동력은 서부로 진출하려는 미국인들의 열망이었고, 그 열망을 현실화시켰던 교통의 혁명이었다. 1848년에 일리노이 미시간 운하와 시카고의 첫 철도, 가리나와 시카고 유니온^{Galena & Chicago Union Railroad} 철도가 개통되었다. 운하와 철도의 개통은 단숨에 시카고를 미국 서부의 교통 중심지로 만들었다. 미시시피강 서쪽으로의 개척은 아직 탄력을 받지 않았기 때문에, 시카고는 당시로서는 서부 끝의 중심에 있었다. 운하는 기선과 범선이 미시시피강에서 오대호까지 이동할 수 있도록 연결해 주었으며, 철도가 인접 지역을 연결하며 인력과 물류의 주요 통로가 되었다. 미국의 북동부와 연결되며 동시에 오대호와 미시시피강을 연결하는 교통의 요지가 되면서 시카고는 미국은 물론 세계에서 가장 빠른 속도로 성장하는 도시가 되었다.

경제 번영과 그에 따른 인구 증가는 시카고를 정치 중심지로 만들었다. 1850년대 캔자스 네브래스카 법을 통해 노예주 확산 문제 타결을 위해 '주민 주권설'을 제기했던 일리노이주 출신 상원의원 스티븐 더글러스의 인기 덕에 시카고는 정치적으로 유명한 도시가 되었다. 더욱이 더글러스는 더 유명한 정치인을 탄생하게 만들었다. 1858년 그가 신출내기 정치인이었던 에이브러햄 링컨과 벌인 논쟁, '링컨-더글러스 논쟁'으

| 스티븐 더글러스의 모습 | 1860년 당시 링컨의 모습 |

로 링컨을 전국구 정치인으로 만들었던 것이다. 1860년 시카고에서 신설 정당인 공화당 전당대회가 열렸다. 링컨이 공화당 대통령 후보로 선출되었고 대통령에 당선되었다. 시카고는 미국의 영웅 링컨을 배출한 도시로 유명세를 타게 되었다.

육류 포장의 메카

남북전쟁부터 1920년대까지 시카고는 육류 포장 산업으로 유명했다. 남북전쟁 기간에 군대에 납품하는 소고기 산업이 발전하면서 철도의 요충

중서부

지인 시카고는 미국 내 소고기 유통의 메카가 되었다. 전쟁이 끝나면서 소고기 수요가 늘어나자 1865년 시카고에 유니온 스톡 야드 및 트랜싯 회사가 설립되었다. 시카고로 오는 모든 소와 돼지들이 이곳에 집합되고 도축되어서 시카고의 기차 노선을 따라 전국으로 배달되었다. 1870년에는 300만 마리의 소와 돼지들이 시카고에서 도축되었고, 20년 뒤에는 무려 1,200만 마리가 도축되었다. 시카고는 세계 최대의 도축 도시가 되었다.

필요는 발명의 아버지였다. 육류를 도축해서 빠른 시간에 다른 도시로 배송하는 일은 그 수요가 늘어나자 단순한 얼음 포장만으로는 한계가 있었다. 이러한 문제점을 개선하기 위해 발명된 것이 냉장고였다. 냉동 기차로 더 오랫동안 더 멀리 떨어진 지역까지 납품할 수 있게 되자 시카고의 육류 포장 산업은 폭발적으로 발전했다. 이러한 혁신을 주도했던 구스타버스 스위프트Gustavus Swift는 당시의 금융왕 제이 P. 모건, 석유왕 존 D. 록펠러, 철강왕 앤드루 카네기와 어깨를 같이하는 미국의 대표적인 산업자본가의 대열에 서게 되었다. 스위프트는 필립 아머Philip Armour와 넬슨 모리스Nelson Morris와 함께 시카고 육류 포장 사업의 3대 거물이 되었다. 1900년에 시카고 육류 포장 회사들에 고용된 사람이 2만 5,000여 명이었는데, 이는 미국 전역에서 관련 사업에 종사하는 사람들의 3분의 1이 넘는 숫자였다.

구스타버스 스위프트의 모습

도축을 기다리는 소떼들

육류 포장 사업이 성황을 이루자 시카고는 미국에서 가장 더럽고 불결한 도시로 알려지게 되었다. 소와 돼지 떼의 분비물, 도축장에서 버려지거나 흘러나오는 내장과 피, 그리고 냄새는 도시 전체를 오염시켰다. 이로 인해 도시의 주거 환경이 악화되었다. 시 관료들과 육류 기업들의 유착 관계 등으로 이 문제는 쉽게 해결되지 않았다.

시카고 도축장의 실태를
고발한 작가 업턴 싱클레어

그러다 1906년 업턴 싱클레어Upton Sinclair 가《정글The Jungle》이란 책을 출판해서 시카고 도축장의 현실을 고발하자, 시카고 육류 포장 산업의 문제는 전국적인 관심사가 되었다. 싱클레어의 고발은 시어도어 루스벨트 대통령의 마음을 움직였고, 대통령의 지도력으로 연방의회에서 육류 검사법이 통과되었다. 주를 통과하거나 해외로 나가는 모든 육류 사업장은 연방 정부의 검사를 통과해야만 했다. 1920년대에는 정부 검사관이 소와 돼지고기의 등급까지 판정하게 되었다. 이러한 일련의 조치는 국민의 건강을 위해 정부가 개입해서 대기업의 횡포를 제재하는 선례가 되었다.

알 카포네의 도시

**시카고 갱의 대표적 인물
알 카포네**

1919년 미국 수정 헌법 제18조에 의해 연방 정부는 알코올 음료 생산과 판매를 법적으로 금지시켰다. 하지만 금주법은 갱스터 시대를 열었다. 1933년 금주법이 폐지될 때까지 밀주 거래를 놓고 대도시를 중심으로 벌어진 갱단의 세력 다툼은 크나큰 사회적 문제가 되었다. 그 중심이 시카고였다. 시카고는 당시 가장 악명 높은 알 카포네가 할거했던 중심지였기 때문이다.

카포네는 시카고에서 라이벌 갱들을 하나둘씩 제거하면서 밀주 사업은 물론 도박과 매춘 사업을 장악하기 시작했다. 그는 시장과 친분을 쌓았고, 특히 시칠리아계 이탈리아 경찰 조직망의 후원을 받아 누구도 손을 댈 수 없는 막강한 세력으로 성장했다. 그는 대공황이 발발하자 시카고 중심가에 무료 배급소까지 설치해서 배고픈 시민들에게 빵과 커피를 제공했다. 시카고 사람들은 그를 '대공황의 로빈후드'라고 칭송하기까지 했다. 얼굴에 새겨진 칼자국으로 인해 '스카 페이스'란 별명으로 더욱 유명해진 카포네의 얼굴은 시카고 사람들에게 공포의 대상임과 동시에 인기 스타와 같은 존재였다.

하지만 계속되는 조폭들 간의 총격전과 살인 등은 시카고 시민들을 불안에 떨게 만들었다. 그러다 1929년 알 카포네가 보낸 조직원들로 추

시카고의 밤 풍경 ⓒhttps://thealashraf.com/chicago-quotes

2016년 월드 시리즈에서 우승한 시카고 컵스의 모습

정되는 갱단이 당시 버그스 모런이 이끄는 라이벌 조직 노스사이드 조직원 일곱 명을 쏴 죽인 이른바 '성 밸런타인데이 학살'이 발생했다. 이 사건의 배후는 끝내 밝혀지지 않았지만, 시카고 사람들은 이 사건의 배후에 알 카포네가 있다는 사실을 의심치 않았다.

결국 카포네는 1931년에 다수의 세금 포탈죄로 11년 형을 받아 감옥살이를 하게 되었다. 복역 초기부터 뇌의 신경매독으로 고통받다가 1947년 심장마비로 세상을 떠났다. 그는 사라졌지만 시카고는 카포네의 도시라는 오명에서 쉽게 벗어나지 못했다. 2021년에도 미국에서 가장 많은 살인 사건이 발생한 곳이 시카고이다. 인구 대비 시카고의 범죄는 뉴욕이나 로스앤젤레스보다 심각한 상태이다.

하지만 시카고 사람들의 도시에 대한 애정은 그 어디보다 크다. 2016

년 시카고 컵스 야구팀이 월드 시리즈에서 우승했다. 1908년 이후 처음 있는 일이었다. 100여 년 동안 우승을 하지 못했지만 컵스의 팬들은 '사랑스러운 패배자들'이라는 자부심과 희망을 잃지 않았다. 시카고가 낳은 미국 대통령 버락 오바마가 남긴 유명한 말이다. "난 시카고 출신이야. 절대 쫄지 않는다." 이것이 시카고 사람들의 기백이다.

13

밀워키

반항아들의 천국,
가장 미국적인 도시

지역 : 위스콘신주
인구 : 592,600명(2020년 현재)

3개의 타운이 하나로 합쳐진 도시

밀워키는 그 지역에 거주했던 원주민들이 불렀던 지명을 영어식으로 표현한 것에서 유래한다. 그 의미는 '좋은 땅' 혹은 '물가 따라 모여 사는 곳'이라는 뜻이다. 그 의미대로 19세기 초부터 미국인들이 미시간 호수

솔로몬 주노의 모습

서쪽 해안을 따라 '모여 살기 좋은 땅'에 정착하기 시작했다. 지금의 밀워키 시는 원래 3개의 정착촌이 있던 곳이 합쳐진 것이다. 1818년 솔로몬 주노Solomon Juneau는 밀워키강의 동쪽에 '주노타운'을, 1834년 바이런 킬본Byron Kilbourn은 강 서쪽에 '킬본타운'을, 같은 해에 조지 워커George H. Walker는 강 남쪽에 '워커 포인트'를 세웠다.

세 마을은 서로 간의 텃세로 정착 초기에 갈등이 심했다. 특히 가장 먼저 밀워키에 세워진 주노타운과 1834년에 세워진 킬본타운 간의 갈등은 물리적인 대결로까지 이어졌다. 그 대표적인 사건이 1845년 '밀워키 다리 전쟁'이었다. 1840년부터 1844년 사이에 밀워키강에 3개의 다리가 건설되었는데, 1845년 5월 킬본의 서쪽 지역민들이 지지하는 다리에 스쿠터 배

바이런 킬본의 모습

가 충돌하면서 다리 보상 문제로 양 진영 주민들 간에 무력 충돌이 발생했다. 각 진영은 다른 쪽 진영의 다리들을 폭파하기 시작했다.

다행히 시간이 지나면서 사태는 누그러졌다. 그해 12월 밀워키 이사회는 3개의 새로운 다리 건설 등을 포함한 도시 헌장을 작성했고, 이듬해 1월 31일 주노타운, 킬본타운, 워커 포인트가 합쳐져서 밀워키 시를 건립하기에 이르렀다.

한때 전쟁을 치를 정도로 밀워키 지배권을 놓고 갈등이 컸으나, 밀워키 시가 설립된 이후 정착을 주도했던 세 명은 모두가 적어도 한 차례씩 밀워키 시장을 지내는 등 시 행정과 개발에 적극적으로 관여하면서 지금의 밀워키가 성장하는 데 초석을 쌓았다. 지금도 그들의 업적을 기리는 동상, 다리, 학교, 거리 등을 도시 곳곳에서 만날 수 있다.

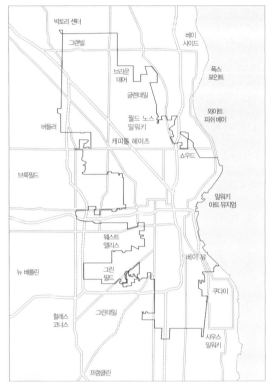

밀워키의 지도

미국의 독일 아테네

1848년 유럽 혁명의 여파로 급진적인 독일인들이 정치적 박해를 피하기 위해서 미국으로 건너왔고 그중 상당수가 밀워키에 정착했다. 이 중한 명이 '자유주의 혁명가'로 유명한 카를 슈르츠였다. 밀워키로 이주한그는 훗날 밀워키를 '미국의 독일 아테네'라고 하면서 가장 독일적인 문

화가 깃든 곳이라고 회상했다. 즉 아테
네가 고대 그리스 문화의 시작점이자 상
징이듯이 밀워키가 미국 내 독일 문화의
상징이라는 것이었다.

1900년까지 밀워키 인구의 34퍼센트
가 독일계였다. 독일 이민자들은 오랫동
안 독일 생활 방식과 관습을 유지하면서
정착했다. 그들은 독일어 학교를 세워서

카를 슈르츠의 모습

아이들이 모국어를 잃지 않도록 했으며,
학교 시스템 역시 독일의 관습을 유지했는데, 그중 가장 유명하고 미국
전역에 영향을 끼쳤던 것이 킨더가튼Kindergarten이라는 독일식 유치원이
다. 크리스마스트리 장식도 독일인들의 관습에서 유래되었고, 핫도그와
햄버거는 미국인들이 즐겨 먹는 음식이 되어 갔다.

밀워키의 독일 문화 중에서 가장 유명한 것은 맥주이다. 독일계 이민
자들이 늘어나면서 독일의 맥주 주조 기술을 이용한 양조장들이 들어섰
고 밀워키는 미국의 '맥주 수도'가 되었다. 특히 1871년 시카고 대화재
로 시카고의 경쟁 양조장들이 사라지면서 밀워키는 미국에서 가장 번창
한 맥주 양조 도시가 되었다. 20세기 초에 슐리츠Schlitz, 파브스트Pabst, 블
라츠Blatz, 밀러Miller 양조장은 세계에서 가장 큰 맥주 공장이 되었다. 밀워
키의 메이저리그 야구팀 이름이 양조장이란 뜻의 브루어스Brewers인 것은
이러한 밀워키의 맥주 전통을 기리기 위함이다.

밀워키에 있었던 파브스트 맥주 양조장 ⓒJeramey Jannene

밀워키에 있는 밀러 양조장 입구

중서부의 대표적인 다문화 도시

1850년대부터 독일인 다음으로 밀워키에 가장 많이 이주한 사람들이 폴란드인이었다. 이들은 주로 밀워키의 남쪽 지역에 거주했는데, 지금도 이곳에는 폴란드 전통과 유산이 풍부하게 남아 있다. 그 대표적인 것이 폴란드풍의 가톨릭교회들이다. 그중 대표적인 것이 성 요사밧 바실리카와 성 스태너스로스 가톨릭교회이다. 이 밖에도 밀워키의 남쪽 지역에는 폴란드 이민자들이 지은 교회의 첨탑들이 가득하다. 헨리 메이어 페스티벌 공원에서 매년 개최되는 폴란드 축제는 인근 시카고뿐만 아니라 전국적으로 인파가 끓는, 미국에서 가장 큰 폴란드 축제로 자리 잡았다.

독일인과 폴란드인 외에도 리투아니아, 이탈리아, 아일랜드, 프랑스, 러시아, 보헤미아, 스웨덴에서 온 유대인, 루터교도, 가톨릭교도를 포함한 이민자들이 대규모로 밀워키에 정착했다. 1910년까지 밀워키는 미국에서 외국 태생 거주자의 비율이 가장 높았다. 다양한 유럽 이민자들은 독일과 폴란드 이민자들처럼 그들 고유의 축제를 통해 공동체 의식을 고취하면서 미국인으로 서서히 동화되었다. 중서부에서 가장 큰 이탈리아계 축제인 페스타 이탈리아나와 아일랜드계 축제인 아이리시 페스트가 밀워키에서 개최되고 있다.

1917년 밀워키의 크로아티아 공동체는 도시의 북쪽에 세이크리드 하트 크로아티아 교구를 설립했고, 1920년대 후반에 웨스트 앨리스에 두 번째 교구인 세인트어거스틴을 설립했다. 5,000명 이상의 세르비아인들

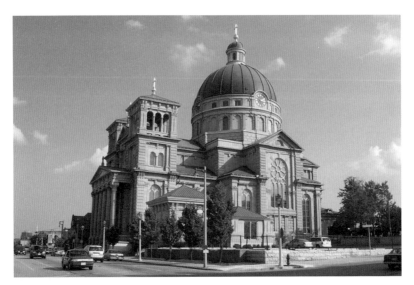

성 요사밧 바실리카의 모습 ⓔSulfur

도 밀워키에 거주하고 있다. 이들은 매주 금요일에 생선 튀김을 먹는 전통으로 유명하다. 보스니아-헤르체고비나 전쟁 후 20세기 후반에는 보스니아인 인구도 늘어나고 있다. 20세기 내내 발칸반도는 민족과 종교적 갈등으로 아픔을 겪었는데, 밀워키에서 그 아픔을 뒤로하고 함께 공존하고 있다. 밀워키는 치유와 화해의 도시라고 할 수 있겠다.

할리데이비슨의 도시

밀워키는 전 세계 고급 오토바이의 대명사인 할리데이비슨Harley-Davidson

아서 데이비슨(왼쪽에서 세 번째)과 윌리엄 할리(오른쪽 끝)

오토바이의 본거지이다. 1903년 밀워키에서 윌리엄 S. 할리^{William S. Harley}와 그의 친구 아서 데이비슨^{Arthur Davidson}이 엔진을 얹어서 움직일 수 있는 자전거를 만들었다. 1906년 그들은 지금의 주노 애비뉴에 첫 공장을 설립했는데 이곳이 지금의 할리데이비슨 회사의 본부가 있는 자리이다.

미국이 두 차례의 세계대전에 참전하면서 할리데이비슨은 폭발적으로 성장하기 시작했다. 제1차세계대전 때는 미국 정부에 2만 대의 군용 오토바이를 납품했다. 그 덕분에 1920년에 할리데이비슨은 전 세계 67개국에 지사를 둔 세계에서 가장 큰 오토바이 제조사가 되었다. 제2차세계대전 때는 무려 9만 대의 군용 오토바이를 만들어서 미군뿐만 아니라 연합군에 보급했다.

1960년대에 일본의 혼다 등의 오토바이 회사가 인기를 얻으면서 어려움에 처하게 되자, 할리데이비슨은 1969년 레저용품 제작사인 AMF와 합병했다. 이후 주력 상품인 대형 오토바이를 놔두고 소형 오토바이 개발에만 주력했다. 하지만 대형 오토바이를 선호하던 할리데이비슨의

할리데이비슨 로드킹의 모습 ©JoachimKohler-HB

기성 고객들이 외면하게 됨으로써 1970년대 미국 내 할리데이비슨 점유율은 25퍼센트까지 떨어졌다. 이에 1981년 13명의 할리데이비슨 임원들은 할리데이비슨을 AMF로부터 다시 사들여서 위기 극복의 기반을 마련했다. 이들은 작고 효율적인 일본 제품을 모방하기보다는 할리데이비슨의 전통을 살리는 전략을 채택했다. 이 전략은 적중했다. 점차 할리데이비슨의 인기가 회복되기 시작했다. 700cc가 넘는 V형 트윈 엔진에서 나오는 진동과 말발굽 소리를 내는 엔진 배기음의 마력에 빠진 할리데이비슨 마니아들이 전 세계에서 밀워키의 오토바이를 애용하고 있다.

사회주의의 성지

밀워키는 미국에서 가장 사회당이 성공한
도시이다. 20세기 초반부터 1960년대까
지 밀워키는 세 명의 사회당 시장을 당선
시켰다. 밀워키 사회주의는 독일계 이민자
들로부터 유래되었다. 1848년 혁명이 실
패하자 이들은 미국으로 건너왔고 사회주
의 운동을 펼쳐 나갔다. 1901년 밀워키 교
사로서 밀워키 사회주의의 '모세'로 일컬
어졌던 빅터 버거Victor Berger는 당시 유명한
노동운동가였던 유진 뎁스Eugene V. Debs와 함
께 미국 사회당을 창당하기에 이르렀다.
1910년 버거는 최초로 사회당 연방 하원
에 당선되기도 하였다.

빅터 버거의 모습

유진 뎁스의 모습

 1980년대 이후 전통적인 밀워키의 공장
들이 문을 닫거나 다른 곳으로 옮겨지면
서 밀워키의 사회주의는 시들었다. 하지만
밀워키는 여전히 다른 어느 미국 지역보다 사회주의적 성향이 강한 곳
이다. 2020년 민주당 전당대회가 밀워키에서 열렸다. 민주당 대통령 후
보로 지명된 조지프 바이든뿐만 아니라 사회주의자인 버니 샌더스 등이

밀워키의 사회주의 전통을 칭송한 버니 샌더스 ⓒTim Pierce

전당대회에서 밀워키의 사회주의 전통을 칭송했다.

앵글로색슨 프로테스탄트가 주도하는 미국 문화에서 독일 및 다양한 유럽 지역에서 건너온 사람들이 도시의 색깔을 만들었고, 할리데이비슨을 타며 맥주를 마시고 사회주의를 얘기하는 밀워키의 모습은, 반항아들의 천국이면서 다양성을 존중하는 가장 미국적인 도시가 되었다.

14

디트로이트

자동차의 메카에서
파산한 도시로

지역 : 미시간주
인구 : 672,400명(2020년 현재)

DETROIT

잿더미에서 계획도시로 거듭나다

**디트로이트 하트 플라자에 있는
앙투안 캐딜락의 동상** ⓒMichipedian

1701년, 프랑스 탐험가 앙투안 캐딜락^{Antoine de la Mothe Cadillac}이 지금의 디트로이트에 인디언과의 무역 거래소를 설립했다. 디트로이트는 1763년 프랑스와 인디언과의 전쟁의 승리로 영국의 영토가 되었다가, 독립 전쟁에서 승리한 미국의 영토가 되었다. 1805년 대화재로 600여 명이 정착했던 디트로이트는 완전히 잿더미로 변해 버렸다. 디트로이트 시기^{市旗}의 중앙에 두 여자가 그려져 있는데,

한 여자는 화재로 불탄 디트로이트를 배경에 두고 울고 있고 다른 여자

디트로이트의 시기

는 새로운 도시가 들어설 것이라고 위로하는 모습이 새겨져 있다. 바로 위에는 이런 문구가 라틴어로 새겨져 있다. "더 나은 도시가 되길, 잿더미를 딛고 부활하리라."

잿더미를 딛고 부활하게 만들었던 사람은 미시간 준주의 초대 대법원장인 오거스터스 B. 우드워드Augustus B. Woodward였다. 그는 대화재 직후 디트로이트에 도착하여 재건을 주도했다. 그는 워싱턴 D.C.를 설계했던 프랑스계 미국인 피에르 랑팡Pierre Charles L'Enfant의 계획을 기반으로 정삼각형 패턴으로 배치된 넓은 도로를 중심으로 도시를 계획했다. 각 모서리에는 큰 원형 공원이 있고 중앙에는 직사각형 공원이 있으며, 큰 공원인 그랜드 서커스가 중심에 있게 계획했다. 하지만 지역 지주와의 의견 불일치로 남쪽 절반과 삼각형의 일부만 건설되었다.

루이스 캐스의 모습

1817년부터 지역 주지사인 루이스 캐스Lewis Cass는 우드워드 계획 대신 직사각형 도로로 둘러싸인 보다 일반적인 그리드 플랜으로 도시를 계획했다. 이것이 디트로이트의 현대적인 레이아웃의 기초가 되었다. 그럼에도 불구하고 원래

디트로이트

우드워드 애비뉴의 모습

계획의 잔재는 캠퍼스 마티우스 및 그랜드 서커스에서 나오는 방사형 도로 등 여전히 남아 있다. 우드워드 애비뉴는 디트로이트에서 폰티악까지 연결되는 디트로이트의 메인 도로를 일컬으며, 박물관과 각종 가게들, 그리고 유흥가들이 몰려 있는 곳이기도 하다.

세계 자동차의 수도가 된 헨리 포드의 도시

오대호 수로로 연결된 디트로이트는 주요 항구 및 교통 허브로 부상

1905년 데이비드 휘트니 저택의 모습

했다. 19세기 후반에 들어서 우드워드 애비뉴에는 해운 및 조선업에서 성공한 대부호들의 저택이 들어섰다. 그중 대표적인 것이 데이비드 휘트니 저택David Whitney House이다. 토머스 에디슨에 의해 전기를 공급받은 워싱턴 불러바드는 '서부의 파리'로 불릴 정도로 화려한 도심으로 자리를 잡았다.

디트로이트가 미국 자동차의 메카가 되는 데에는 헨리 포드의 역할이 결정적이었다. 1896년에 마차 무역이 번성하자 포드는 맥 애비뉴의 임대 작업장에서 첫 자동차를 만들었고, 1903년 포드 자동차 회사를 설립했다. 포드는 어셈블리 라인을 이용한 자동차의 대량생산을 통해 자동차

헨리 포드의 모습 　　　　포드가 고안한 어셈블리 라인

의 생산가를 낮춤으로써 일반인들이 자동차를 소유할 수 있도록 만들었다. 그는 미국의 영웅이 되었다. 디트로이트는 세계 자동차의 수도로서 미국의 산업을 주도하는 산업 일번지가 되었다.

자동차 산업이 발전하고 관련 산업이 함께 성황을 누리면서 디트로이트는 세계에서 가장 부유한 항구도시가 되었다. 1907년에 디트로이트강을 통해 6,700만 톤의 상업 화물이 전 세계로 운송되었다. 당시 뉴욕이 2,000만 톤을 선적했던 것을 비교하면 디트로이트의 성장이 얼마나 놀라운지를 상상할 수 있을 것이다. 1908년 디트로이트가 '지구상에서 가장 큰 상업 동맥'으로 불리게 된 것은 과장이 아니었다. 자동차 산업의 호황으로 디트로이트는 1920년에 뉴욕, 시카고, 필라델피아에 이어 미국에서 네 번째로 큰 도시가 되었다.

인종 폭동의 불명예를 안게 된 도시

급속한 성장은 해외 이민자들뿐만 아니라 미국 전역으로부터 수많은 노동력을 불러들였다. 특히 제1차세계대전 동안에 수백만 명의 남부 흑인들이 북부 도시로 이주하는 대이주가 시작되었는데, 이들 상당수는 자동차 산업 활황으로 일감이 많았던 디트로이트에 몰리게 되었다. 급속히 불어난 흑인 인구로 백인 인종차별주의자들이 준동하기 시작했다. 1920년대와 1930년대에 디트로이트는 큐 클럭스 클란(KKK)의 북부 거점이 되었으며, 각종 인종 혐오 범죄의 온상이 되었다.

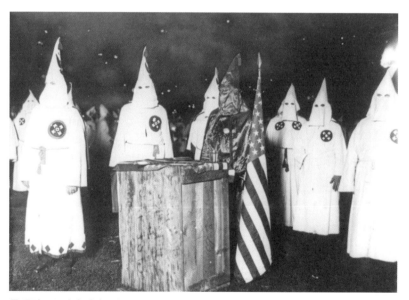

큐 클럭스 클란의 집회 모습

백인 공동체에서 흑인을 배제할 것을
주장하는 팻말

제2차세계대전으로 인하여 방위산업이 폭발적으로 성장하자 40만 명이 디트로이트로 몰려들었다. 일자리와 주택을 놓고 흑인들과 경쟁하는 것에 두려움을 가진 백인들은 크고 작은 인종 혐오 범죄를 자행했다. 1943년 6월 20일부터 22일까지 디트로이트에서 대형 인종 폭동이 발생했다. 총 34명이 사망했는데 이 중 25명이 흑인이었다. 폭도들은 패러다이스밸리의 흑인 정착촌을 공격해서 2020년 가치로 3,000억 달러에 해당하는 재산 피해를 낳았다.

24년 뒤 디트로이트에서는 또 한 번 대규모 인종 폭동이 발발했다. 1967년 7월, 디트로이트 12번가에서 흑인들과 디트로이트 경찰 사이에 무력 충돌이 발생했다. 이는 '디트로이트 반란'으로 불릴 정도로 심각한 폭동으로 확대되었다. 폭동 진압을 위해서 주지사 조지 W. 롬니는 미시간주 방위군을 디트로이트에 투입했고, 린든 존슨 대통령은 연방 군대를 파견했다. 43명이 사망했고 467명이 부상당했으며, 7,200명 이상이 체포되었고 2,000개 이상의 건물이 파괴되었다. 폭동은 대부분 흑인 주거 및 비즈니스 지역에서 발생했다. 수천 개의 소규모 기업이 영구적으로 문을 닫거나 안전한 지역으로 이전했다. 폭동의 영향을 받은 지역은 수

1967년 7월 24일 디트로이트 폭동에 대해 참모들과 회의를 하는 린든 존슨 대통령

십 년 동안 폐허가 되었는데, 이는 1992년 LA 폭동 이전까지 미국 역사상 가장 재산 피해가 컸던 폭동으로 기록되었다.

최초로 파산한 미국의 대형 도시

1970년대부터 디트로이트는 급격히 쇠락하기 시작했다. 그 시작은 자동차 산업의 붕괴였다. 1973년과 1979년의 휘발유 위기는 미국 자동차 산업에 치명타를 날렸다. 가장 큰 타격을 받은 곳은 디트로이트였다. 구매자들은 휘발유 가격이 오르자 일본 자동차와 같이 작고 연료 효율적인 외국산 자동차를 선택했다. 디트로이트 자동차 제조업체는 수천 명의 직원을 해고하고 공장을 폐쇄했다. 여기에 흑인 폭동과 같은 디트로이트의 치안 등이 문제가 되면서 백인 중산층이 도시를 떠났다. 1950년에 200만 명이었던 인구가 2010년에는 71만 명으로 줄었다. 1972년과 2015년 사이에 3분의 2 이상의 사업장이 문을 닫았다. 도시 내의 빈곤층 비율이 높아졌고, 세금 기반이 감소했으며, 부동산 가치가 하락하면서 곳곳에서 버려진 건물의 숫자가 늘어났다. 높은 범죄율은 도시를 더욱 황폐하게 만들었다.

1991년 FBI 통계에 의하면 디트로이트는 인구 10만 명당 2,700건의 폭력적인 범죄가 발생한 '미국에서 가장 위험한 도시'로 낙인찍혔다. 이후 이런 오명은 쉽게 씻어지지 않았다. 디트로이트는 적어도 인구 50만 명 이상의 북부와 중서부, 그리고 서부 도시 중에서 범죄율이 가장 높은 도시가 되었다.

2000년대에 들어서도 디트로이트의 재정은 계속 악화되어 갔다. 2013년 7월, 결국 디트로이트는 파산 신청을 하게 되었다. 미국의 대형 도시로서 역사상 최초로 부도가 난 도시가 된 것이다. 파산 당시 디트로이트 가로등의 40퍼센트가 작동하지 않았고 7만 8,000개의 건물이 버려졌으니 도시는 회생할 수 없는 수준으로 황폐해졌던 것이다.

희망의 불씨를 살리기 위해 몸부림치는 도시

열악한 환경에서도 디트로이트는 부활을 위해 몸부림쳤다. 낙후된 구도심에 중상류층 주민을 유입시켜 주거 지역이나 고급 상점가를 새롭게 조성하는 젠트리피케이션 운동이 일어났다. 이로 인해 디트로이트는 점차 생기가 돌기 시작했다. 여기에서 흥미로운 것은, 도시 재생 사업에 필요한 상당액의 재원을 디트로이트 예술 대학이 보유하고 있던 60만 점 이상의 예술품 판매로 확보했다는 점이다. 6만 5,000개의 오래된 도시 가로등이 고압 LED 조명으로 교체되면서 도시의 미관이 향상되었다. 동시에, 방치되었던 수많은 유명 건물들을 개조해서 콘도미니엄, 호텔, 사

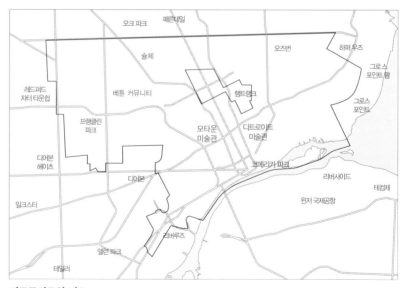

디트로이트의 지도

무실 또는 문화적 용도로 사용하기 시작했다.

2014년 마이크 더건^{Mike Duggan} 시장은 "우리는 새로운 내일을 시작하고, 사람들이 받을 자격이 있는 종류의 서비스를 제공하기 위해 최선을 다할 것이다"라고 맹세했다. 도시의 새로운 일련의 거래와 개선 계획 끝에 이 도시는 2014년 12월 파산 상태를 벗어났다.

젠트리피케이션과 같은 도시 재생 사업으로 인해 디트로이트의 외형적 모습이 이전에 비해 훨씬 나아진 것은 사실이다. 하지만 도시의 가장 큰 문제는 빈곤이다. 백인 중산층이 도심에 들어와 사업을 함으로써 도시가 옛날의 생동감을 찾을 수는 있겠지만, 도시의 빈민층이 중산층 대열에 합류할 수 있는 교육과 제도, 그리고 그들의 의지가 수반되지 않는다면 디트로이트는 미국에서 가장 살기 나쁜 최악의 도시라는 오명에서 쉽게 벗어날 수 없을 것이다.

디트로이트의 어느 언론인이 "디트로이트와 제3세계 국가는 별 차이가 없다. 다만 디트로이트 시내에는 염소들이 어슬렁거리지 않을 뿐이다"라고 했다. 디트로이트 현실의 슬픈 자화상이다.

15

세인트루이스

미국 팽창의 기점이 된
황금 노다지

지역 : 미주리주
인구 : 304,700명(2020년 현재)

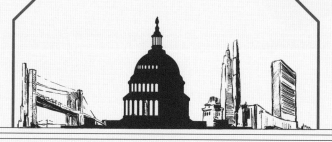

SAINT LOUIS

높은 곳에 세워진
인디언 땅에서 프랑스의 땅으로

**카호키아 지역에서 발굴된
점토 조각**

세인트루이스 지역은 서기 700년에서 1400년까지 북아메리카에서 가장 큰 아메리카 원주민 문명권을 형성했던 곳이다. 원주민들은 강 주변의 습지와 상습적인 홍수를 피하기 위해서 높은 언덕을 형성해서 그 위에 정착했던 이른바 '높이 세운 도시^{Mound City}' 거주민들이었다. 세인트루이스 인근에 있는 UN 세계 문화유산으로 지정된 카호키아 마운드 주립 역사 센터에서 이러한 인디언들의 문화를 살

펴볼 수 있다.

1764년 프랑스 탐험가 피에르 라클레드^{Pierre Laclede}가 미주리강과 미시시피강이 합류하는 지점 바로 아래 언덕 위에 정착촌을 건립했다. 그곳

피에르 라클레드의 모습

은 유리한 자연 배수 시스템을 가지고 있을 뿐만 아니라 목재와 초원이 풍부해서 정착하기에 최적이라고 판단했던 것이다. 라클레드는 그곳이 "이후 북아메리카에서 가장 훌륭한 도시 중 하나가 될 것"이라고 선언했다. 그는 그의 탐험을 지원했던 루이 15세의 수호성인 루이 9세를 기념하기 위해 그곳을 세인트루이스라고 명명했다.

7년 전쟁에서 프랑스가 패하자 미시시피 동쪽의 땅은 영국에, 미시시피 서쪽의 땅은 스페인에 할양되었다. 세인트루이스는 1803년 토머스 제퍼슨 대통령이 나폴레옹으로부터 루이지애나 영토를 매입하면서 미국의 영토가 되었다. 세인트루이스 시의 깃발을 보면 중앙에 금색 원형이 있는데 그 안에는 프랑스 왕가의 문양이 새겨져 있다. 금색이 상징하듯 미국으로서는 황금 노다지를 차지한 것과 같은 의미이다.

세인트루이스의 시기

황금 노다지가 된 미국 대륙 팽창의 거점

미국의 제3대 대통령인
토머슨 제퍼슨

1803년 루이지애나 매입은 미국의 대륙 팽창에 결정적인 계기가 되었다. 그 이전까지 대부분의 미국인들은 미시시피강을 미국 문명의 서쪽 경계로 받아들였다. 그런데 제퍼슨 대통령은 미국의 문명이 그 너머까지 확대되어야 한다고 믿었다. 그는 루이지애나 매입이 자유를 확장해서 미국의 민주주의를 성장시킬 것이라고 믿었다. 당시에는 재산권 등에 따른 제약이 많았기에 보통 사람들이 광범위하게 투표에 참가할 수 없는 상황이었다. 제퍼슨은 루이지애나의 광활한 영토가 동부의 가난한 사람들을 불러들이고 참정권을 획득해서 민주주의를 확대할 것으로 기대했던 것이다.

제퍼슨 대통령은 루이스^{Meriwether Lewis}와 클라크^{William Clark} 원정대를 파견해서 루이지애나 영토를 탐사하도록 했다. 원정대는 1804년 5월 세인트루이스에서 미주리강을 따라 출발하여 탐사를 시작했다. 1805년 여름에 그들은 컬럼비아강을 통해 태평양에 도달했고, 1806년 9월 23일에 세인트루이스에 돌아왔다. 이렇게 해서 미국의 서부 팽창을 위한 가장 중요한 탐사가 이루어졌고, 이후 미국의 역사는 완전히 새로운 국면에 놓이

미주리강의 풍경

게 되었다.

　이후 수많은 탐험가와 정착민들이 루이스-클라크 통로를 통해 서부로 진출하며 야망을 좇았다. 루이스는 루이지애나 준주의 초대 주지사를 지냈고, 클라크는 미주리 준주의 초대 주지사를 지냈다. 특히 클라크는 루이지애나 영토에 거주하던 원주민들과 우호적인 관계를 유지하며 미국인들과 원주민들의 관계가 악화되지 않도록 하는 데 공헌했다. 세인트루이스 서쪽에 위치한 세인트찰스는 루이스-클라크 탐험대가 출발했던 곳으로서 현재는 기념박물관이 들어서서 관광객을 맞고 있다.

남북전쟁의 서막을 열었던 미주리 타협

세인트루이스가 루이지애나 매입과 루이스-클라크 탐험 이후로 전국적인 관심을 불러일으킨 때는 1820년이었다. 그때 미주리의 연방주 편입을 놓고 남부와 북부의 정치적 갈등이 고조되었다. 남부는 새로운 주를 노예주로 편입하고자 했고 북부는 자유주로 편입하고자 했다. 미주리가 당시 남부와 북부의 중간 정도에 위치했기에 이 문제는 양 진영의 첨예한 갈등을 불러일으켰다. 결국 타협안이 제시되었고, 북쪽의 메인이 자유주로 편입되고 미주리가 노예주로 편입되었다. 다만 이후 새로운 영토는 위도 36도 30분을 경계로 해서 북쪽은 자유주로, 남쪽은 노예주로 편

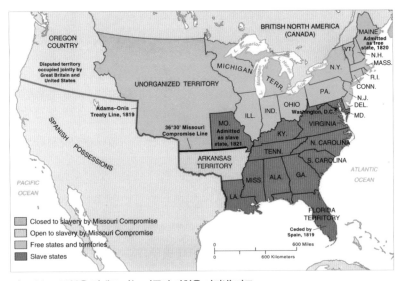

위도 36도 30분을 경계로 나눈 미주리 타협을 나타낸 지도

입하기로 합의했다. 이것이 이른바 '1820년 미주리 타협'이다. 결국 이는 잠정적인 타협에 그치고 말았다. 이후 노예 문제를 놓고 연방은 극단적인 대결로 치닫게 되었다.

　세인트루이스는 노예 폐지론자와 노예 지지자들 간의 첨예한 대결장이 되었다. 당시 세인트루이스에서 가장 유명한 노예 폐지론자였던 일라이자 러브조이Elijah Parish Lovejoy 목사는 세인트루이스가 '서부로 가는 입구'이자 미국 프런티어의 시작점이 되어야 하지, 남부 플랜테이션 노예 지지자들의 연장지가 되어서는 안 된다고 하면서 신문지면을 통해서 강력한 노예 해방론을 설파했다. 러브조이는 1836년 일리노이로 이주했는데, 다음 해 노예 지지자들에 의해 그의 출판사는 불타게 되었고 그 역시 살해되었다. 러브조이의 죽음은 노예 폐지론자들의 분노를 불러일으켰고 전국적으로 강력한 노예 폐지 운동을 촉발시켰다.

증기선과 맥주 산업, 그리고 이즈 다리

이러한 정치적 혼란 중에도 미주리강과 미시시피강을 연결하는 무역의 중심지로서 세인트루이스는 미시시피강 유역에서 가장 번성한 도시로 성장했다. 1817년 최초로 물레방아와 같은 선박 추진 장치를 설비한 증기선이 세인트루이스에 도착한 이후 수많은 증기선이 세인트루이스에 입항했다. 1850년대에는 한 해에 5,000대의 증기선이 오고 갈 정도로

**19세기 중반
증기선의 모습**

세인트루이스는 서부 번영의 중심지가 되었다. 1840년대 이후 아일랜드
와 독일 등 유럽 이민자들이 세인트루이스에 이주하면서, 1840년에 채
2만 명이 되지 않았던 도시가 1850년에는 7만 8,000명, 1860년에는 16
만 명 이상으로 급성장했다.

특히 독일계 이민자들에 의해서 맥주 양조장이 성업을 이뤘는데, 1879년
에버하드 앤하우저Eberhard Anheuser와 아돌푸스 부시Adolphus Busch가 앤하우
저-부시 맥주 회사를 창립했다. 앤하우저-부시 회사는 세인트루이스의
대표적인 기업으로 성장했고, 부시 스타디움과 세인트루이스 소재 메이
저리그 야구팀 카디널스의 구단주이기도 하다.

1874년에 미주리주 세인트루이스와 일리노이주 이스트세인트루이스
를 연결하는 다리가 완공되었다. 다리는 세계 최초로 강철 트러스(부재가
휘지 않게 핀으로 연결한 골조 구조)로 제작되었다. 설계 엔지니어의 이름 제

이즈 다리의 모습

임스 뷰캐넌 이즈^James Buchanan Eads를 따서 이즈 다리^Eads Bridge로 명명된 다리는 북쪽의 라클레드 랜딩과 남쪽의 게이트웨이 아치 부지 사이의 세인트루이스 강변을 가로지른다. 이즈 다리는 미시시피강을 건너는 가장 오래된 다리가 되었다. 이 다리는 1965년 게이트웨이 아치 다리^Gateway ^Arch ^Bridge가 건설될 때까지 세인트루이스 시의 상징적인 이미지가 되었다. 국가 사적지로 지정된 이 다리는 오늘날 도로 데크가 복원되어 차량과 보행자가 강을 건널 수 있다. 세인트루이스 메트로링크의 경전철 시스템은 1993년부터 레일 데크를 사용했는데, 매일 약 8,500대의 차량이 이 데크를 통과한다.

세계 박람회와 올림픽을 한 해에 유치했던 도시

1904년 세인트루이스는 세계 박람회와 올림픽을 개최했다. 세인트루이스는 두 이벤트를 개최한 최초의 비유럽 도시가 되었다. 지금도 박람회 때 사용되었던 세인트루이스 미술관, 세인트루이스 동물원, 미주리 역사 박물관, 타워 그로브 공원 및 식물원은 세인트루이스의 명소이다.

　1904년 박람회는 100년 전 미국의 루이지애나 영토 매입을 기념하기 위해 개최되었다. 흥미로운 것은, 새로운 영토를 개척하는 시작점이 된

1904년 세인트루이스 세계 박람회의 자연사 전시

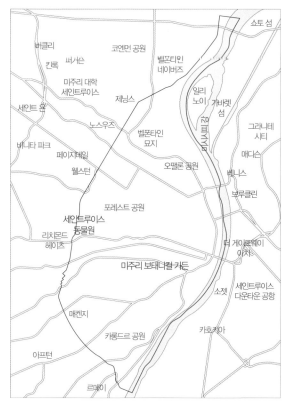

세인트루이스의 지도

것을 기념하기 위한 이 박람회에서 새로운 음식들이 선보여졌는데, 그것들이 미국을 대표하는 음식으로 명성을 얻게 되었다. 그중 대표적인 것이 핫도그와 햄버거이며, 피넛 버터, 원뿔형에 담은 아이스크림, 솜사탕 등이 이때 처음으로 대중에게 선보였다.

하지만 20세기 중반 이후에 많은 중서부 도시와 마찬가지로 산업구조 조정과 일자리 상실, 그리고 빈민과 범죄 등으로 중산층이 도심을 떠나면서 인구가 감소하기 시작했다. 세인트루이스는 미시시피강 유역의 대표적인 범죄 도시가 되었다. 2020년 통계에서 세인트루이스는 미국 내 10만 명 이상 거주하는 도시들 중에서 테네시의 멤피스와 디트로이트에 이어 세 번째로 범죄율이 높은 도시이다.

하지만 전통적인 교통 요지로서 세인트루이스는 《포천》이 선정한 500 기업들 중에서 8개의 기업을 유치하고 있다. 전통적인 맥주 산업과 신발 관련 산업, 그리고 건강 및 의료 등 바이오 생명 관련 산업이 활성화되고 있다. 또한 미주리주에서 가장 부유한 10개의 도시들이 세인트루이스에서 한 시간 거리 내에 있기 때문에, 세인트루이스는 2016년에 발표한 《포베》 잡지에 따르면 미국에서 일곱 번째로 생활비가 적게 드는 도시이다.

세인트루이스 사람들은 미국 역사에서 차지하는 도시의 유산에 대해 크나큰 자부심을 갖고 있다. 게다가 노벨 문학상을 받은 T. S. 엘리엇, 퓰리처상을 만든 언론인 조지프 퓰리처, 가수 티나 터너, 배우 케빈 클라인, 그리고 W. C. 핸디가 작곡한 '세인트루이스 블루스'(역사상 가장 많이 녹음된 블루스 곡이다)는 세인트루이스의 자랑거리이다.

16

캔자스시티

작은 프랑스 마을에서
마피아의 도시로

|

지역 : 미주리주, 캔자스주
인구 : 644,200명(2020년 현재)

가브리엘 프뤼돔의 '캔자스타운'

18세기 초에 미주리강과 캔자스강이 만나는 곳을 탐험한 프랑스인들은 그곳을 '캔세즈Cansez 인디언의 강'이라고 표현했는데, 이것이 지금의 캔자스시티가 되었다. 캔세즈는 수족의 일파로서 강을 따라 생활했는데 그 이름의 뜻은 '남쪽 바람 사람' 혹은 '바람의 사람'이었다.

캔자스강의 모습

7년 전쟁으로 1763년부터 캔자스시티 지역은 스페인 영토가 되었지만, 프랑스인들은 그 지역에서 주로 모피 무역에 종사하며 계속해서 정착하고 있었다. 1821년 프랑수아 추타우가 지금의 캔자스시티에 도착했다. 그는 피에르 라클레드와 함께 세인트루이스를 설립했던 오구스 추타우의 조카였다. 1830년대 초반까지 적어도 100명의 프랑스 가톨릭교도들이 지금의 캔자스시티에 살았다. 이들 대다수는 코우강 입구 쪽인 웨스트보텀스^{West Bottoms}에 거주했다. 사람들은 그 공동체를 '프랑스인 보텀스'라고 불렀다.

1831년 캐나다 사냥꾼인 가브리엘 프뤼돔^{Gabriel Prudhomme Sr.}은 미주리강을 마주 보고 있는 257에이커의 땅을 구입해서 아내 조세핀과 여섯 자녀와 함께 정착을 시작했다. 그가 매입한 땅은 캔자스시티의 알짜배기 땅이었다. 동쪽으로는 홈스, 서쪽으로는 브로드웨이, 그리고 남쪽으로는 미주리강에서 인디펜던스 애비뉴에 이르는 방대한 땅이었다. 프뤼돔은 농사를 지었을 뿐만 아니라 조그마한 식료품 가게와 주막을 운영했고 페리도 운영했다. 프뤼돔 정착지는 산타페 트레일과 웨스트포트와 함께 프런티어 무역의 중요한 거점이 되었다. 안타깝게도 프뤼돔은 그가 열성적으로 땅을 매입하고 정착을 시작했던 1831년 말에 누군가에 의해 살해되고 말았다.

1838년, 14명의 투자자들이 프뤼돔의 땅을 경매를 통해 헐값으로 매입해서 마을을 조성했다. 그들은 그곳을 '캔자스타운'이라고 명명했다. 캔자스타운, 웨스트포트 및 인근 인디펜던스 지역은 미국 서부 확장의

19세기 중반 캔자스시티의 풍경 ⓒJunedude433

중요한 지점이 되었다. 1853년 캔자스타운은 더 확장되어서 캔자스시티가 되었다. 이렇게 해서 3개의 주요 트레일(산타페, 캘리포니아, 오리건)이 모두 통과하는 지금의 캔자스시티가 탄생하는 초석이 다져진 것이다.

캔자스 시민의 자부심, 리버티 기념탑

교통의 요충지라는 지리적 중요성에 따라 캔자스시티는 빠르게 성장했다. 특히 남북전쟁 이후 한니발과 세인트조지프 철도가 지나가는 다리가 개통되면서 도시는 폭발적으로 성장했다. 1900년에 캔자스시티는 16만여 명의 인구를 가지게 되었고 미국에서 스물두 번째로 큰 도시가 되었다. 남북전쟁이 발발하기 직전에 불과 4,000여 명이 살았던 자그마한 마을이 이렇게 성장한 것이다.

캔자스시티가 지금의 모양을 갖추는 데 가장 큰 역할을 했던 사람은 도시 조경가 조지 케슬러였다. 그는 '캔자스시티 스타' 신문사의 발행인인 윌리엄 넬슨과 함께 시내 전체를 대로와 공원 네트워크를 통해 재구성했다. 이러한 캔자스시티 '도시 아름답게 조성하기' 운동은 이후 미국의 여러 도시들은 물론 멕시코시티와 상하이 개발의 모델이 되었다.

캔자스시티의 랜드마크는 1926년에 완공된 리버티 기념탑이다. 제1차세계대전에 참전했던 미군들을 기리는 이 기념탑은 용기와 애국심, 그리고 희생이 담긴 미국의 자유를 상징하는 것으로서 캔자스시티의 자랑이다. 전쟁에서 미군 11만 4,000명이 사망했는데 그중에 캔자스시티 출신 병사들은 441명이었다. 1919년 10월 기념탑 건립을 위한 모금이 시작되었는데, 불과 10일 만에 200만 달러 이상이 모금되었다. 당시 32만 인구 중 8만 3,000명 이상이 모금에 참가했다. 이 모금을 주도한 사람은 당시 미국 최대의 목재 사업가였으며 캔자스시티 남부 철도의 초기 투자

조지 케슬러의 모습

리버티 기념탑의 모습

자였던 로버트 롱이었다. 1911년에 완공된 그의 저택 고린도 홀은 캔자스시티 최초의 100만 달러 주택으로서 당시에 캔자스시티의 랜드마크였다. 그의 사후에 딸들이 그 주택을 시에 기부했는데, 그것이 지금의 캔자스시티 박물관이다.

펜더가스트의 도시

조지 케슬러와 로버트 롱 등은 지금의 캔자스시티의 외형을 갖추는 데 지대한 공헌을 했다. 하지만 다른 미국인들에게 도시의 이미지가 좋지는 않았다. 그 이유는 캔자스시티가 '마피아의 도시'로 알려지게 되었기 때문이다.

19세기 후반부터 20세기 초에 미국의 주요 도시에서는 이른바 '정치 머신'이 도시의 정치를 좌지우지했다. 이러한 현상은 주로 뉴욕과 같은 대도시의 문제로만 여겨졌는데, 캔자스시티도 대표적인 '정치 머신'의 도시로 유명세를 탔다.

제임스 펜더가스트는 1870년대부터 캔자스시티 정치계의 큰손이었다. 그는 뇌물과 불법 대출 등 수단과 방법을 가리지 않고 노동자 계층의 환심을 샀다. 그의 도움을 받은 시민들은 그가 후원하는 시장과 기타 관료들을 선출했다. 그는 이러한 방법으로 캔자스시티의 정치를 마음대로 움직이는 실질적인 보스가 되었다. 1911년 그가 죽은 후 그의 동생 토머스가 더 열정적으로 도시의 정치를 장악했다. 대공황 시기에 그의 도움을 받지 않은 사람이 없을 정도라고 할 만큼 그의 영향력은 절대적이었다. 해리 트루먼 대통령 역시 펜더가스트 '정치 머신'의 후원으로 정치계에 발을 들였다. 그가 1935년 상원의원에 당선되어 의회에 들어설 때 루이지애나 출신 상원의원 휴이 롱

토머스 펜더가스트의 모습

트루먼 대통령의 모습

이 '펜더가스트 출신 상원의원'이라고 소개할 정도였다.

1939년 토머스 펜더가스트가 탈세 혐의로 투옥되자 트루먼은 펜더가스트 '정치 머신'과 거리를 두었다. 하지만 트루먼은 펜더가스트 '정치 머신'이 미주리의 민주주의에 적지 않은 공헌을 했다고 믿었다. 실제로 그 '머신'은 흑인, 아일랜드인, 유대인, 가톨릭 등을 포함해서 인종, 민족, 종교적으로 다양성을 추구했다. 이는 상원의원과 부통령, 그리고 대통령으로서 그의 정치적 노선을 펼치는 데 중요한 역할을 했다.

마피아의 도시

**조지프 디지오바니의
모습**

캔자스시티가 전국적으로 유명하게 된 또 하나의 이유는 마피아 조직 때문이었다. 1912년 시실리 마피아의 일원이었던 디지오바니 형제Joseph and Peter DiGiovanni가 캔자스시티로 이주했다. 시실리 출신의 '검은 손Black Hand'은 1890년부터 1920년까지 뉴욕을 중심으로 시카고, 뉴올리언스, 캔자스시티에서 가장 왕성하게 활동했는데, 캔자스시티는 디지오바니 형제들로 인해 그들의 주 활동 무대가 되었다. 그들은 '검은 손'이 암시하듯이 곧바로 공갈, 협박 등을 동원해서 사업자들의 돈을 갈취하면서 돈을 벌었고, 여러 범죄 사건에 연루되었다. 그러다 1920년 금주법이 실시되자 그들의 세력이 급속히 팽창하기 시작했다. 펜더가스트와 그들을 싸고도는 경찰을 방패 삼아 밀주의 유통과 경마 등의 도박을 통해서 세력을 키워 갔다.

1933년 6월 17일 캔자스시티가 전국적으로 유명해지는 사건이 발생했다. 프랭크 내시라는 당대 최고의 은행털이범을 경찰이 호송하는 과정에서 총격전이 발생해서 경찰 4명이 사망하고 내시도 사망했다. 이는 '캔자스시티 대학살'로 대서특필되었다. 다음 해 1934년에는 캔자스시티 마피아 조직의 보스 존 라지아도 총격을 받고 사망했다.

라지아의 보디가드였던 찰스 카롤로가 새로운 보스가 되었다. 그 역시 시실리 출신으로서 라지아보다 더욱 악랄한 수법으로 캔자스시티를 장악했다. 그는 자메이카에서 수입한 생강 추출액으로 밀주를 만들어서 유통했는데 그것을 제이크^{Jake}라고 불렀다. 그 술을 마시고 다리가 마비되

법정에 있는 찰스 카롤로

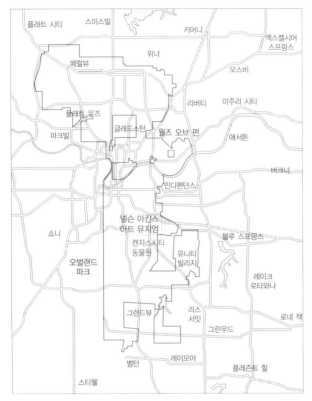

캔자스시티의 지도

는 현상을 '제이크 발'이라고 불렀는데, 수많은 사람들이 그 병으로 고통을 받았다. 1939년 토머스 펜더가스트와 함께 탈세 혐의로 실형을 받게 되면서 카롤로의 시대는 마감되었다.

카롤로를 이은 새로운 보스 니콜라스 치벨라는 다른 도시들의 마피아 가족들과 연계해서 세력을 더욱 키워 나갔다. 그는 전국 트럭 노조와 연계해서 라스베이거스 카지노 사업을 장악한 것으로도 유명하다. 1975년

중서부

그는 미네소타 바이킹스와 캔자스시티 치브스의 슈퍼볼 도박에 연루되어 투옥되기도 했다. 도시의 도박 관련 사업권을 놓고 마피아들 간의 싸움으로 수차례 건물 폭파 사건과 살인 사건이 발생했는데 여기에도 그가 연루되었다. 지금까지도 캔자스시티 마피아 조직은 건재하며 도박과 마약, 그리고 스트립 클럽 등을 장악하고 있다.

1950년 에스테스 케파우버 상원의원이 중심이 되어 14개 도시에서 미국 범죄 조직 특별 청문회를 개최했는데, 여기에 캔자스시티도 포함되었다. 캔자스시티 청문회에서 케파우버는 캔자스시티를 "정글의 법칙에서 빠져나오려고 발버둥치는 곳"이라고 했다. 청문회를 지켜보는 미국인들은 다시 한번 캔자스시티를 '마피아의 도시'로 간주했다. 지금까지 수많은 마피아 관련 영화들이 만들어졌는데, 여기서 어김없이 등장하는 것이 캔자스시티 마피아이다.

캔자스시티 갱스터 투어는 현재 20년 동안 진행되고 있는 캔자스시티에서 가장 오래된 관광 코스이다. 리버티 기념탑과 박물관, 그리고 갱스터 투어에서 캔자스시티만의 독특한 빛과 어둠을 동시에 볼 수 있을 것이다.

제4부
중남부

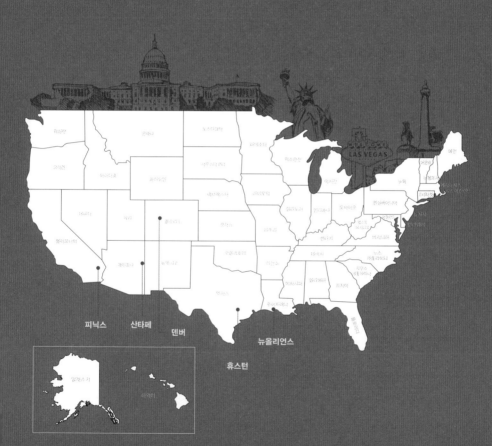

피닉스   **산타페**   **덴버**

뉴올리언스

휴스턴

17

휴스턴

텍사스의 황무지에서
글로벌시티로

지역 : 텍사스주
인구 : 2,313,000명(2020년 현재)

텍사스 공화국의 탄생

17세기 후반부터 스페인은 원주민 개종을 위해 티저스^{Tejas}로 불리던 지금의 텍사스에 식민지를 구축했다. 또 다른 이유는 멕시코를 비롯한 그들의 중남미 식민지를 북쪽 유럽인들로부터 지켜 내는 버퍼 지역으로 만들기 위함이었다. 그렇기 때문에 원주민을 빼곤 1820년대까지 텍사스에 항구적으로 정착한 사람들은 거의 없었다. 텍사스는 사실상 불모지였던 것이다.

1821년에 멕시코가 스페인으로부터 독립하면서, 멕시코 정부는 텍사스를 적극적으로 개발해서 사람이 살 수 있는 땅으로 만들고자 했다. 그들이 판단한 최고의 방법은 미국인들의 정착을 유도하는 것이었다. 대규모 토지 불하 등을 통해 미국인들을 텍사스로 불러들여서 텍사스를 개발하고자 했다.

처음 몇 년 동안은 그들의 기대가 들어맞는 듯했다. 스티븐 오스틴을 중심으로 1825년까지 300여 명의 미국인들이 텍사스에 정착했다. 오스

면화 수확이 끝난 후 서부 텍사스의 풍경

틴과 미국인 정착민들은 멕시코 정부와 우호적인 관계를 유지했다. 그러
나 점차 미국인 정착민들의 숫자가 늘어나면서 그 관계가 틀어지기 시
작했다. 10년 동안 3만 5,000명으로 늘어난 미국인들은 멕시코 정부의
눈엣가시가 되었다. 그들은 멕시코 정부의
말을 듣지 않으려 했고, 사실상 그들만의
독립적인 식민지를 개척하고 있었기 때문
이다. 멕시코 정부는 불안해했고 양측 간
에 마찰이 빈번하게 발생했다.

스티븐 오스틴의 모습

 1835년 쿠데타로 정권을 잡은 멕시코의
산타아나Antonio Lopez de Santa Anna 대통령은 무
력으로 텍사스 미국인들을 징벌하기로 결

산타안나의 모습

샘 휴스턴 장군의 모습

정했다. 1835년 10월 2일 텍사스 전쟁이 발발했다. 다음 해 3월 미국인들은 텍사스 공화국 설립을 선포하고, 초대 대통령으로 텍사스 군대를 지휘하던 샘 휴스턴 장군을 선임했다. 다음 해 4월 21일, 샌저신토 전투에서 텍사스 군대는 산타안나를 포로로 잡고 전쟁을 승리로 이끌었다. 산타안나는 석방 조건에 따라 멕시코 군대에 리오그란데강 남쪽으로 물러날 것을 명령했다. 텍사스는 곧바로 미국 연방에 복속되기를 원했지만, 텍사스 편입은 연방 내의 자유주와 노예주의 균형을 깨뜨릴 가능성이 컸기에 연방은 텍사스 합병을 미뤘다. 하지만 계속해서 인구가 유입되고 있고 성장하고 있는 텍사스를 방치할 수 없어서, 1845년 연방의회는 미국의 스물여덟 번째 주로 텍사스를 연방에 합병시켰다.

텍사스 물류 수송의 중심지로 성장한 휴스턴

텍사스 전쟁 후 뉴욕 출신으로 텍사스 공화국의 발전을 예견한 앨런 형제Augustus Chapman and John Kirby Allen는 버펄로 바이유Buffalo Bayou와 화이트 오크

바이유^{White Oak Bayou} 사이의 땅을 매입했다. 그들 은 이 지역을 텍사스 공화국과 함께 발전할 최 적의 땅으로 판단하고, 텍사스 전쟁의 영웅 휴 스턴의 이름을 따서 휴스턴이라고 명명했다. 그들의 판단은 적중했다. 1837년 초에 이 도시 에는 불과 12명의 사람들이 거주했지만, 그해 5월 휴스턴에서 처음으로 텍사스 의회가 소집 될 때 약 1,500명으로 늘어났다.

존 커비 앨런의 모습

　휴스턴은 잠시 동안 텍사스 공화국의 수도였다. 1839년 수도는 오스 틴으로 옮겨졌다. 그해 황열병이 휴스턴 주민 8명당 1명꼴로 발생하면 서 휴스턴은 침체기를 겪었지만 다시 성장하기 시작했다. 텍사스 공화국 의 계속된 발전과 걸프 연안 항구인 갤버스턴과 연결된 지리적 조건 때 문이었다. 휴스턴은 남북전쟁이 발발하기 전까지 텍사스 지역의 농산물 을 멕시코만을 통해서 다른 지역으로 수출하는 출구로 성황을 이뤘다. 그중에서 면화는 가장 중요한 품목이었다. 특히 1856년 휴스턴 북서쪽 에 철도가 들어서면서 휴스턴은 목화 수출을 위한 상업 및 철도 허브로 부상했다. 텍사스 내륙 철도가 휴스턴을 통과해서 갤버스턴과 보몬트 항 구로 연결되면서 휴스턴은 텍사스 물류 수송의 핵심 통로가 되었다.

　스티븐 오스틴과 샘 휴스턴이 텍사스 공화국을 설립하는 데 중추적인 역할을 했다면, 앨런 형제는 휴스턴을 건립하는 데 주도적인 역할을 했 다. 지금도 휴스턴의 랜드마크 중에는 앨런 형제를 기리는 것들이 많다.

앨런 파크웨이, 앨런 센터, 그리고 앨런 랜딩 파크 등이 그 대표적인 것들이다.

노다지를 캔 휴스턴

남북전쟁 후 휴스턴 사업가들은 휴스턴의 철도망을 통해서 도시를 광활하게 확장하기 시작했다. 휴스턴-텍사스 철도는 댈러스를 비롯한 주변 텍사스 도시들을 연결하고 미주리와 캔자스까지 연결했다. 1890년까지 휴스턴은 텍사스의 철도 중심지가 되었다.

1900년에 미국 역사상 최대의 자연재해로 기록된 허리케인이 갤버스턴을 강타했다. 그런데 이 재난이 휴스턴에는 기회가 되었다. 미국 정부와 개발업자들은 휴스턴을 심해 항구로 만들기로 결정했다. 그 결과 1914년 11월 10일, 7년간의 공사 끝에 휴스턴 심해 항이 개항되었다. 그동안 이 프로젝트를 지원했던 우드로 윌슨 대통령은 이를 기념하기 위해 그의 백악관 집무실에서 원격으로 대포 축포를 쏘아 올렸다. 휴스턴은 텍사스에서 가장 중요한 물류 해운의 중심지가 되었다.

1900년의 허리케인 다음 해에 휴스턴에 노다지가 터졌다. 1901년 1월에 휴스턴 동쪽 137킬로미터에 위치한 스핀들톱에서 천연가스와 원유가 분출된 것이다. 지상에서 150피트 이상 솟아오른 분출은 9일 동안 계속되었고, 하루당 10만 배럴이나 쏟아져 나왔다. 이른바 '텍사스 오일 붐'이 시작되었다. 수많은 석유 관련 회사들이 휴스턴에 몰려들었다. 현재 텍사코가 된 텍사스 회사가 휴스턴에 들어오자, 엑손이 된 험블 오일Humble Oil이 들어왔다. 다른 많은 석유 회사들이 빠르게 뒤따랐다. 1900년에 4만 5,000명이었던 인구가 1930년에는 무려 30만 명으로 증가했다. 현재까지 필립 66, 코노코필립스, 옥시덴탈 페트롤리엄, 할리버튼 및 엑손모빌을 포함한 주요

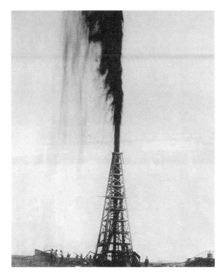

스핀들톱에서 분출하는 원유의 모습

석유 회사가 휴스턴 지역에 본사를 두고 있다. 석유 및 가스는 지금까지 휴스턴의 경제 성장을 견인하고 있다.

휴스턴, 그 한계를 모르는 도시

제2차세계대전으로 휴스턴은 또다시 부흥하기 시작했다. 전쟁 중 방위 산업의 일환으로 석유와 합성고무 제품에 대한 수요가 증가하면서 휴스턴 수로를 따라 석유화학 정제소와 제조 공장이 건설되었다. 1942년에 설립된 브라운 선박 회사는 전쟁 중 미 해군을 위한 선박을 건조했다.

텍사스 의료 센터의 모습 ⓒDavid Daniel Turner

　전쟁은 또한 휴스턴에 미국에서 가장 성공적인 의료 센터가 들어서는 계기를 제공했다. 1944년 프랭클린 루스벨트 대통령은 지역 기업가 조지 허먼의 부지를 매입해서 1,000병동 규모의 해군 병원이 건립되도록 했다. 이것이 1946년 마이클 드베이키 재향 병원으로 개명되었고, 이를 중심으로 지금의 텍사스 의료 센터(TMC)가 들어서게 된 것이다. 텍사스 의료 센터는 텍사스 휴스턴 중남부에 위치한 2.1평방마일의 의료 지구로서 세계에서 가장 큰 의료 단지가 되었다. 세계 최대 규모의 암 센터와 어린이 병원을 포함한 텍사스 의료 센터는 10만 6,000명 이상의 직원을 고용하고 있으며 연간 1,000만 명의 환자를 치료하고 있다.

　또한 1961년 NASA의 '유인 우주선 센터'가 들어서면서 도시의 항공 우주 산업 발전을 위한 자극제가 되었다. 유인 우주선 센터는 1973년에 텍사스 출신 대통령을 지낸 린든 존슨을 기념해서 존슨 우주 센터(JSC)로 개명되었다. 오늘날 JSC는 10개의 주요 NASA 현장 센터 중 하나로

존슨 우주 센터의 모습

서 미국 우주 산업의 중심지가 되었다.

　현재 휴스턴은 텍사스에서 가장 인구가 많은 도시이자 미국에서 네 번째로 인구가 많은 도시이며 미국 남부에서 가장 인구가 많은 도시이다. 미국에서 아홉 번째로 넓은 도시인데, 카운티, 교구 또는 자치구로 통합되지 않은 총면적으로만 따지면 미국에서 가장 큰 도시이다. 휴스턴은 뉴욕시 다음으로 많은《포춘》이 선정한 500 기업 본부를 보유하고 있다. 휴스턴 항은 처리된 국제 수상 수송 톤수에서 미국에서 1위를 차지하였고 총화물 톤수에서 2위를 차지한다.

　2021년 월렛허브^{Wallethub} 보고서에 의하면 휴스턴은 미국의 가장 다문화적인 도시 1위에 올랐다. 또한 미국 남부 전체를 통틀어도 휴스턴은

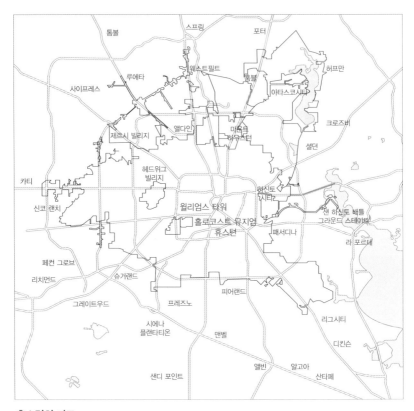

휴스턴의 지도

오스틴, 뉴올리언스와 함께 가장 진보적인 성향을 가진 도시이다. 1980
년 이후 대통령 선거에서 한 번도 민주당 후보가 이긴 적이 없었던 텍사
스의 보수적 성향을 고려할 때, 휴스턴은 남부와 텍사스의 이단아와 같
은 도시이다.

1830년대부터 휴스턴의 가능성을 믿고 정착을 시작했던 앵글로 미국

중남부

인들, 이후 아메리칸드림을 위해 휴스턴을 찾았던 독일과 이탈리아 이민자들, 노예제도의 어둠 속에서도 휴스턴을 떠나지 않았고 노예해방 이후 휴스턴으로 이주한 흑인들, 그리고 지금도 끊임없이 새로운 도전을 위해 전 세계에서 찾아오는 사람들—이들이 휴스턴을 미국에서 (적어도 미국 남부에서) 가장 글로벌한 도시로 만들어 가고 있다. 그런 점에서 2014년에 채택된 슬로건, '휴스턴, 한계를 모르는 도시'에 따라 휴스턴이 앞으로 어디까지 얼마만큼 성장할지 궁금하다.

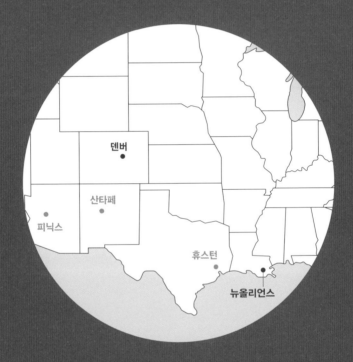

18

뉴올리언스

크리올의 자부심과
전통이 묻어 있는 도시

|

지역 : 루이지애나주
인구 : 391,200명(2020년 현재)

NEW ORLEANS

프랑스-스페인-미국의 영토로 뒤바뀐 도시

드비엔빌의 모습

1718년 봄, 프랑스의 북아메리카 식민지 관료였던 드비엔빌^{Jean-Baptiste Le Moyne de Bienville}이 미시시피강과 멕시코만이 만나는 반월형의 지형에 정착했다. 해류와 허리케인 같은 자연재해로부터 자유로울 것 같았기 때문이다. 그는 11개의 길과 7개의 길이 만나는 직사각형 거주지를 조성시켰다. 이것이 뉴올리언스에서 가장 유서 깊은 프렌치 쿼터이다. 드비엔빌은 그 시의 이름을 '라 누벨 오를레앙^{La Nouvelle-Orleans}'이라고 명명했다. 프랑스 왕국의 섭정이었던 오를레앙 공작 필리프 2세를 기리기 위해서였다.

한동안 지역 원주민들과 관계가 좋았지만, 1729년부터 1740년대까지 프랑스 정착민들과 원주민들 간에 관계가 악화되기 시작했다. 1729년 나체즈족이 프랑스 정착촌을 습격해서 230여 명을 살해하면서 양자 간에 '피의 전쟁'이 뒤따랐다. 지금의 미시시피에 있는 나체즈 국립 역사 공원에서 발생한 비극이었다. 1740년대에는 치카소족과 촉타우족이 미시시피강 동쪽 제방을 따라 남쪽으로 뉴올리언스 북쪽까지 습격했다. 한동안 뉴올리언스는 유럽계 이주민들이 정착하기에는 위험한 곳으로 분류되었다.

1762년 뉴올리언스는 스페인의 영토가 되었다. 7년 전쟁으로 프랑스가 뉴올리언스를 포함한 미시시피강 서쪽의 루이지애나 영토를 스페인에 양도한 것이다. 하지만 뉴올리언스의 프랑스계 거주민들은 스페인의 지배에 반발했다. 그들은 때론 폭력을 동원해서 맹렬하게 스페인 지배에 반기를 들었다. 1768년에는 프랑스계 주민들의 반란으로 스페인 총독이 물러나기까지 했다. 이에 스페인은 2,000명의 군대를 보내 루이지애나 반란을 진압했다. 스페인 군대를 이끌었던 알레한드로 오라일리Don Alejandro O'Reilly는 반란 주동자 6명을 총살형으로 다루었고 수많은 사람들을 투옥하는 등 강력한 진압 작전을 전개했다.

1800년 뉴올리언스를 포함한 루이지애나 영토는 다시 프랑스의 소유가 되었다. 나폴레옹이 다시 서인도제도와 미시시피강 유역에 프랑스 식민지를 부활하고자 했기 때문이다. 하지만 아이티의 반란과 영국과의 전쟁으로 상황이 만만치 않게 전개되자, 1803년 루이지애나를 미국에 매도했다.

루이지애나 습지 서식지의 모습

크리올 문화의 집성지가 된 재즈의 도시

짧은 기간이었지만 프랑스가 남긴 유산은 강력했다. 그중에서도 대표적인 것이 크리올^{Creoles}의 유산이다. 크리올은 1803년 뉴올리언스가 미국의 영토가 되기 전 프랑스와 스페인 지배 시기에 아프리카 흑인, 프랑스와 스페인계, 그리고 원주민들의 피가 섞인 독특한 인종을 일컫는다. 특히 19세기 초 아이티 혁명의 혼란 속에서 수천 명의 성 도니미크 수도회 피난민들이 뉴올리언스로 이주하게 되는데, 이 중에는 유럽인들뿐만 아니라 해방된 흑인 노예들이 포함되었다. 이들 상당수는 흑인 노예들과 함께 이주했기 때문에 순식간에 뉴올리언스의 인구는 두 배 가까이 늘어나게 되었다. 뉴올리언스의 흑인 인구는 63퍼센트로 치솟았다. 당시까지 흑인 인구가 가장 많았던 사우스캐롤라이나의 찰스턴이 갖던 53퍼센트를 훌쩍 넘어선 수치였다.

붉은 터번을 쓴 크리올

원래 루이지애나 태생의 혼혈인들은 프랑스계라는 자부심이 강했고 자신들을 크리올이라고 불렀다. 그들은 다른 아프리카 노예들이나 서인도제도 등에서 건너온 다른 인종들과 구별되고자 했던 것이다. 앞에서 얘기했던 1768년 대스페인 반란은 대부분 이들 프랑스계 크리올이 주동한 것이었다. 하지만 시간이 지나면서 인종적으로나 문화적으로 섞이면서 크리올은 좀 더 광범위한 혼혈족을 일컫는 용어가 되었다.

아프리카계와 유럽 백인들 간의 밀착된 문화로 뉴올리언스는 미국 재즈의 발상지가 되었다. 아프리카 특유의 율동, 카리브해의 리듬, 미국인의 블루스, 유럽인들의 코티용 댄스와 악대 전통, 유럽식 발코니—이러한 문화가 뒤섞여서 뉴올리언스를 대표하는 크리올 음악을 탄생시킨 것

재즈 공연 무대

이다. 재즈는 순식간에 미국의 음악이 되었다. 1920년대는 재즈의 시대라고도 한다. 아프리카계 미국인과 유럽계 미국인들의 문화가 결합된 절묘한 미국식 음악이 탄생한 것이다. 스윙과 블루스, 복잡하지만 흥겨운 코드와 관객들과 즉흥적으로 소통하는 재즈는 미국인의 자유분방함과 낙천성, 미국의 번영을 그대로 반영하면서 '흥청망청한 20년대'를 상징하는 미국의 음악으로 사랑받게 되었다.

크리올 문화는 건축양식과 음식에도 지대한 영향을 끼쳤다. 서인도제도의 직선형 기둥이 연결된 구조에 노르만 형식의 지붕, 그리고 그늘막이 쳐진 현관 포치 등의 건축양식은 크리올 문화의 대명사로서 뉴올리언스의 독특한 문화와 전통으로 자리 잡게 되었다. 또한 크리올 소스와 케이준 소스로 요리된 음식 등은 뉴올리언스의 대표적인 음식이다. 크리올 소스가 토마토와 같은 식물성 재료를 위주로 했다면, 케이준은 프랑스 정착민들의 영향을 받아 후추 같은 자극적인 재료를 쓴 점에서 차이

마르디 그라 축제의 모습

가 있다. 매년 열리는 뉴올리언스의 마르디 그라[Mardi Gras] 축제는 이러한 크리올 문화의 진수를 종합적으로 보여 주고 있다.

뉴올리언스 전투와 미국의 자부심

1812년 미국은 영국에 선전포고했다. 건국한 지 20여 년밖에 되지 않았던 미국이 세계 최강의 군사력을 갖춘 영국에 도전한 것이다. 신생국 미국이 영국을 상대로 하나의 주권국으로 그 명예를 지켜 내느냐, 아니면 유럽 강호들과는 경쟁 상대가 되지 않는 3류 국가로 전락하느냐의 기로에 선 중대한 순간이었다. 대서양 문명사에서도 중요한 순간이었다. 흔히 19세기 초 역사는 유럽 지배를 노리는 나폴레옹과 그에 맞서는 영국의 세기적인 대결로 본다. 하지만 더 큰, 더 긴 역사적 안목으로 보면 향후 대서양 문명에서 미국의 위상을 가늠하는 중요한 순간이었다.

약 3년간의 전쟁의 승자는 예상을 깨고 미국이었다. 1815년 1월 8일에 벌어진 마지막 전투는 영국에게 치욕적이었다. 워털루에서 나폴레옹을 무찔렀던 약 8,000명의 영국군이 6,000명 정도의 미군에게 대패했다. 미군들은 인디언들과의 전투 경험 외에는 이렇다 할 전투 경험도 없

뉴올리언스 전투의 모습을 그린 그림

었지만, 앤드루 잭슨 장군의 지휘 아래 일사불란하게 움직였다. 영국군은 291명이나 목숨을 잃었다. 미군은 고작 13명이 전사했다. 미국 역사상 가장 눈부신 전투로 기억되는 전투이다. 이 전투가 뉴올리언스 전투였다.

뉴올리언스 전투의 승리로 앤드루 잭슨 장군은 미국의 영웅이 되었고, 이 명성으로 훗날 7대 대통령에 당선되었다. 뉴올리언스는 미국을 지켜낸 자랑스러운 도시가 되었다. 사실 전투는 겐트에서 평화조약이 체결된 이후에 벌어졌다. 더 빠른 전신 체계가 있었더라면 전투는 벌어질 일이 없었겠지만, 평화조약 소식을 접하지 못한 양군은 뉴올리언스에서 최후의 격전을 벌였고 결과는 미군의 대승이었다. 1812년 전쟁으로 미국은 그 어떤 유럽 국가도 쉽게 얕잡아 볼 수 없게 되었다. 게다가 미국은 10여 년 뒤에 아메리카 대륙 전체가 유럽의 식민지 대상이 될 수 없다고

**먼로독트린을 선포한
미국의 제5대 대통령 제임스 먼로**

선포했다. 남아메리카가 이제 미국의 영향권에 있다는 대담한 선포였다. 그것이 향후 미국 외교의 대원칙이 된 '먼로독트린'이다. 1812년 전쟁 이후 미국은 다른 유럽 국가들의 간섭을 받지 않고 내륙 팽창에 몰두하게 되었다. 그 전쟁 이후 미국은 지금까지 단 한 번도 외국의 정규군으로부터 본토를 침공당한 적이 없다.

산업화에 뒤처진 도시, 허리케인의 도시

뉴올리언스는 미국의 자부심이 되었고 경제적으로도 번성했다. 미시시피강 하구와 멕시코만을 연결하는 물류 수송의 중심지로서 뉴올리언스의 성장은 눈부셨다. 1840년 뉴올리언스는 뉴욕과 볼티모어에 이어 세 번째로 인구가 많은 도시가 되었다.

하지만 미국은 북부와 서부 중심으로 급속한 팽창과 산업화가 시작되었다. 남부의 일원이었던 뉴올리언스의 입지는 서서히 약화되기 시작했다. 뉴올리언스는 노예제도를 고수했고, 면화 재배와 수송에 초점을 둔 전형적인 남부 도시가 되었다. 이것이 변화에 둔감한 전통적인 남부의 도시 뉴올리언스의 발목을 잡았다. 남북전쟁 직전 뉴올리언스는 인구 6위의 도시로 내려앉았다. 남북전쟁 이후 미국은 더욱 가파른 산업화의 길에 들어섰다. 1870년에 뉴올리언스 인구는 9위로 내려갔고 1880년 10위로 내려갔다. 그 이후로 한 번도 10위권 안으로 들어서지 못했다.

제1차세계대전 직후 12위가 되더니, 제2차세계대전 이후 16위로 내려앉았다. 미국의 급속한 산업화와 두 차례의 세계대전을 겪으면서 뉴올리언스의 상대적 중요성은 꾸준히 감소했다. 철도와 고속도로의 성장은 하천 교통을 감소시켰고 상품을 다른 운송 통로와 시장으로 돌렸다. 수천 명의 유색인종은 제2차세계대전 전후의 대이주로 뉴올리언스를 떠났고 많은 사람들이 캘리포니아 등의 서부 해안으로 떠났다. 산업화된 휴스턴, 댈러스, 애틀랜타 등의 남부 도시들에게도 추월당했다.

허리케인 카트리나로 인해 물에 잠긴 뉴올리언스

　게다가 허리케인은 끊임없이 뉴올리언스의 성장을 가로막았다. 2005년 8월 23일, 허리케인 카트리나는 루이지애나에 치명타를 날렸다. 적어도 1,500명의 목숨을 앗아 간 미국 역사상 가장 비극적인 자연재해였다. 26일 뒤에는 허리케인 리타까지 몰아닥쳐 120명의 생명을 앗아 갔다. 3년 뒤에는 허리케인 구스타브가 150여 명의 목숨을 앗아 갔다. 2021년에는 허리케인 아이다로 11명이 목숨을 잃었다.

　허리케인은 수많은 뉴올리언스 사람들을 떠나게 만들었다. 카트리나의 경우 무려 25만 명의 뉴올리언스 사람들이 도시를 떠났다. 상당수는 다시 돌아오지 않았다. 2020년 뉴올리언스는 인구 면에서 미국 내 53위

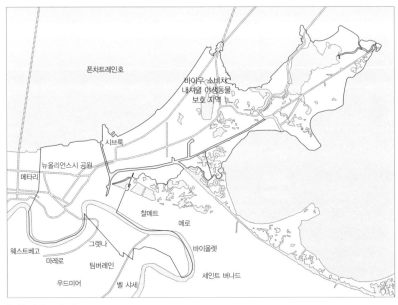

뉴올리언스의 지도

가 되었다.

　그럼에도 불구하고 뉴올리언스 주민들은 뉴올리언스가 쇠퇴하고 있다고 생각하지 않는다. 오히려 그 반대이다. 여전히 풍부하고 독특한 전통을 보유한 도시를 사랑한다. 다른 미국인들도 마찬가지이다. 크리올의 음악과 음식, 아름다운 건물들, 흥겨운 파티가 계속되는 뉴올리언스의 풍경은 미국인들과 세계인들을 유혹하고 있다. 그 어디에서도 찾을 수 없는 편안함과 자유함을 주기 때문이다. 그래서 사람들은 뉴올리언스를 '빅 이지Big Easy'라고 하는가 보다. 그곳에서는 '내 맘대로 할 수 있기 때문'이다.

19

덴버

로키산맥 남단의
가장 미국적인 개척 도시

|

지역 : 콜로라도주
인구 : 715,900명(2020년 현재)

파이크스피크 골드러시

오랫동안 로키산맥의 남단, 지금의 콜로라도에 금이 있다는 소문이 무성했다. 그것이 원주민들로부터 나온 얘기인지, 초기 유럽 탐험가들에게서 나온 얘기인지는 불분명하다. 1835년 그곳을 탐사했던 프랑스 모피 사냥꾼 일행이 금 쪼가리로 판단되는 광물체를 발견하고 뉴멕시코에 돌아온 후 검사한 결과 순금으로 판명되었다. 그들은 다시 그곳으로 찾아갔다. 하지만 그들은 그곳을 찾지 못했다. 이후 콜로라도의 금은 사람들 사이에 소문으로만 전해졌다.

1850년대 후반, 콜로라도의 금에 대한 환상이 다시 고개를 들었다, 그중 한 명이 윌리엄 '그린' 러셀이었다. 체로키 인디언 아내를 둔 그는 1858년 2월 체로키족들과 함께 산타페 트레일 서부로 탐사를 시작했다. 그해 5월 23일, 체리강과 남플레이트강이 합류하는 지점에서 본격적인 금광 탐사를 시작했다. 현재 덴버의 컨플루언스 공원이 있는 곳이다. 그리고 7월에 리틀드라이강 입구에서 드디어 금을 발견했다. 그곳이 지금의 하이웨이 285번과 85번 도로가 만나는 덴버 근교의 이글우드이다.

콜로라도의 금광 소식은 미국을 흥분의 도가니로 만들었다. 남부 로키산맥에서 가장 높은 봉우리인 파이크스피크는 금광으로 일확천금을 얻고자 하는 사람들로 들끓었다. 이를 '파이크스피크Pike's Peak 골드러시'라고 한다. 이때 나온 유행어가 '파이크스피크냐 망하느냐'이다. 파이크스피크에 가서 금광을 캐서 한탕을 거머쥐든지 아니

체로키 인디언의 모습

면 망하든지 둘 중 하나를 선택해야 한다는 것이다. 항상 그렇듯이 금에 대한 환상은 한탕 쪽이지 그 반대쪽으로 기울지 않는다. 성질 급한 사람은 1858년 겨울부터 파이크스피크에 도착해서 금광을 캐려고 했다. 그런데 눈이 녹을 때까지 몇 개월을 기다려야만 했다. 파이크스피크의 골드러시는 대부분 환상으로 드러났고 사람들은 일확천금이 아닌 '쪽박'을 찰 수밖에 없었다.

하지만 콜로라도로서는 행운이었다. 갑자기 불어난 인구 때문에 황무지나 다름없었던 콜로라도가 사람들로 부산하게 되었다. 캔자스에서 온 토지 투기꾼들은 현재 덴버 시내 근처의 컨플루언스 공원이 위치한 곳에 마을을 조성했고 그 마을을 덴버시티로 명명했다. 당시 캔자스 준주

파이크스피크의 모습 ⓒJames St. John

의 주지사였던 제임스 덴버의 환심을 사려고 했던 것이다. 그런데 덴버 주지사는 이미 사임한 상태였는데 주민들은 알지 못했다. 1860년에 이르러 덴버시티 외에도 골든시티, 볼더시티가 생성되었다. 당시 콜로라도 인구는 3만 4,000여 명이었다. 여성은 약 1,600명이었다. 다른 미국의 개척지와는 달리 금광과 같은 환상을 좇았던 남성들이 압도적으로 많았다. 다음 해 콜로라도는 캔자스 영토에서 분리되어 독립된 준주로 승격되었다. 1876년 8월 1일 콜로라도는 서른여덟 번째 주로 연방에 합류했다. 그래서 콜로라도는 미국 독립 100주년 기념 주로 알려졌다. 1881년, 주 전체 투표에서 덴버시티는 콜로라도의 영구적인 주도로 선택되었다. 덴버시티의 이름은 덴버로 줄였다.

남동부 콜로라도의 평원 풍경 ⓒcm195902

파이크스피크 금광의 실패를 딛고
도시의 발전을 만들어 낸 시민들

금광으로 성공을 거둔 사람은 많지 않았지만, 전국에서 몰려든 사람들로 덴버와 인근 도시들에는 하루가 멀다 하고 식당과 술집, 음식점, 세탁소 등이 생겨났다. 덴버 시민들은 지역 상권이 번창하는 것에 만족하지 않았다. 그들은 덴버를 계속 발전시키기 위해서 덴버를 교통의 요지로 만들고자 했다. 1859년 5월 덴버시 주민들은 지역 최초의 육로 마차 노선을 확보하기 위해 여객, 우편, 화물 및 금에 대한 일일 서비스를 제공하는 리

벤워스와 파이크스피크 익스프레스Leavenworth & Pike's Peak Express 회사에 53개 부지를 기부했다. 이 회사로 말미암아 서쪽으로 여행하는 시간이 12일에서 6일로 단축되었다. 덴버는 서부 이주를 위한 중요한 중간 기착지로 각광받기 시작했다.

그런데 1862년 링컨 대통령이 서명한 대륙횡단철도 노선에서 덴버가 빠졌다. 대신 덴버에서 160킬로미터나 떨어진 와이오밍주의 샤이엔시티가 포함되었다. 덴버가 계속해서 번성하려면 동부와 서부를 연결하는 철도가 들어와야 했기에 도시 지도자들과 시민들의 낙담은 컸다.

덴버의 지도자들과 시민들은 자력으로 샤이엔시티와 철도를 연결하기로 결심했다. 철도 건설에 필요한 모금 운동을 펼쳐 나갔다. 모금을 주도한 사람들은 존 에번스 주지사를 비롯해서, 데이비드 모패와 월터 치스먼 같은 사업가들이었다. 3일 만에 30만 달러가 모금되었다. 시민들은 희망을 갖고 계속 모금 운동을 해 나갔다. 드디어 1870년 6월 24일 덴버 퍼시픽이 대륙횡단철도와 연결되었다. 덴버 시민들은 환호했다. 덴버 번영의 새 시대를 여는 기폭제가 된 사건이었다. 이후 덴버는 동부와 서부를 잇는 교통의 요지로 급성장하게 되었다. 오늘날까지 로키산맥 남단에서 가장 중요한 교통의 요지로 성장하게 된 결정적인 계기가 된 것이다.

존 에번스 주지사의 모습

미국 서부 개척은 정부가 주도한 것이 아니라 개척민들이 주도했다는 특징을 갖고 있다. 덴버는 그 가장 대표적인 사례이다. 금광은 사람 마음 대로 할 수 없는 노릇이지만, 도시의 발전은 사람의 의지에 따라 달라진 다. 이에 대한 덴버 시민들의 자부심은 남다르다.

이런 자부심은 1887년에 덴버에서 유나이티드 웨이United Way가 탄생한 것과 무관하지 않다. 가난한 사람들을 돕기 위해 지역 종교 지도자들과 시민들이 기금을 모아서 이런 세계적인 국제 자선단체를 설립했던 것은 덴버의 자발적인 모금 전통의 연속으로 볼 수 있다. 유나이티드 웨이는 전 세계에서 1,800개 이상의 비영리 모금 단체를 갖는 세계 최대 규모의 자선단체로 성장했다.

자부심이 오만으로 변한 도시

덴버의 긍정적인 이미지는 1920년대에 들어서면서 빛이 바래고 말았다. 덴버가 KKK의 서부 핵심 도시로 부상했고, 서부에서 백인 인종주의자 들의 준동이 가장 활개 치는 곳이 되었기 때문이다. 서부 개척의 선구적 인 위치에 있는 덴버가 인종주의의 산실이 된 것은 언뜻 이해가 되지 않 는다. 하지만 파이크스피크 골드러시에서부터 철도 건설에 이르기까지 덴버의 발전은 주로 백인들이 주도했다. 이에 대한 자부심이 너무 큰 것 이 문제였다. 자부심과 오만은 항상 그 경계가 위험하다. 덴버가 발전하

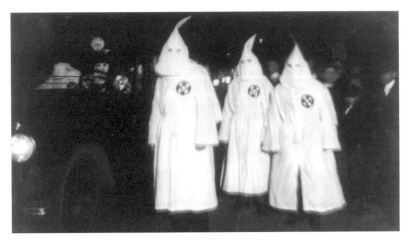

KKK 회원들의 모습

자 아일랜드 이민을 비롯한 가톨릭 이민자들, 유대인 이민자들, 그리고 멕시칸과 중국인 이민자들이 덴버로 몰려들었다. 기존의 앵글로색슨 개신교도들은 이들 이민자들이 미국과 덴버의 전통을 해치고 있다고 우려했다. 이민자들에 대한 이런 부정적인 정서가 1920년대에 폭발적으로 드러난 것이다.

원래 KKK는 남북전쟁 직후 재건 기간에 남부 지역을 중심으로 활동을 펼쳐 갔다. 1915년 조지아주에서부터 제2의 부흥기를 맞게 되었다. 제1차세계대전 직후 반공산주의, 금주법, 반이민 운동 등과 같은 백인 보수주의 운동에 맞물려서 KKK는 빠른 속도로 남부는 물론 서부로 확장되기 시작했다. 여기에 교통의 요지로 급성장하던 덴버가 서부의 대표적인 KKK 중심지로 부상했던 것이다.

1920년 통계에 의하면 덴버의 백인 인구는 10만 7,000명이었는데 그중에서 3만 명이 KKK 회원이었다. 당시 백인 인구 세 명 중 한 명은 KKK와 직간접적으로 관련이 있었던 것이다. 콜로라도주 및 덴버의 주요 관직을 맞고 있는 사람들은 거의 KKK 회원이라고 해도 과장이 아니었다. 콜로라도 주지사, 주 상하의원, 덴버 시장, 덴버 경찰서장, 은행장과 같은 주요 관료뿐만 아니라 병원, 약국, 철도, 공원, 우체국, 과일 및 채소 가게를 운영하는 사람들도 KKK 회원이었다. 이들은 자신들이 KKK 회원이라는 것을 숨기지 않았다. KKK 행렬은 덴버의 거리에서 쉽게 볼 수 있었다. 도시에서 공직자나 사업가로 성공하기 위해서는 KKK 회원으로 행세하는 것이 유리했다.

올림픽을 포기한 도도한 시민들

1970년 5월 네덜란드의 암스테르담에서 열린 국제올림픽위원회(IOC)는 1976년 동계 올림픽 개최지로 덴버를 선택했다. 덴버 올림픽 개최 조직위원회와 시민들은 환호했다. 콜로라도가 미국 연방 주로 편입된 지 100년이 된 것을 기념하면서 미국 독립 200주년을 기념하는 뜻 깊은 올림픽이 될 것이기에 덴버 올림픽에 대한 기대는 전국적으로 높았다.

그런데 덴버는 올림픽 개최를 거부했다. 올림픽 사상 초유의 사태가 벌어진 것이다. 1972년 11월 콜로라도 유권자들은 올림픽 개최 찬반을

덴버 다운타운의 풍경 ©R0uge

놓고 투표에 들어갔다. 60퍼센트가 반대표를 던졌다. 올림픽 개최에 소요되는 높은 비용과 올림픽에 따른 환경문제 등을 고려해서 반대한 것이다. 그 외에도 덴버 시민들은 올림픽 개최에 대해 시민들의 생각을 충분히 반영하지 않고, 단순히 올림픽 개최에 따른 덴버의 이미지와 경제적 가치에 대한 이득만을 생각하고 추진한 것에 불만이었다. 덴버 올림픽이 취소되고 오스트리아의 인스부르크로 변경되었다.

올림픽 사상 초유의 개최지 거부 사태로 인하여 미국은 물론 세계가 어안이 벙벙했다. 하지만 덴버 사람들은 이에 대한 자부심이 크다. 이는 어쩌면 가장 덴버다운 전통에서 나온 결과인지 모른다. 파이크스피크에서부터 대륙횡단철도에 덴버를 연결시키는 것 등을 포함해서 도시 발전을 스스로 도모했던 덴버의 전통이 이번에도 그대로 드러난 것이다.

황야의 서부 개척민의 이미지 중에서 가장 두드러진 것이, 온갖 위험

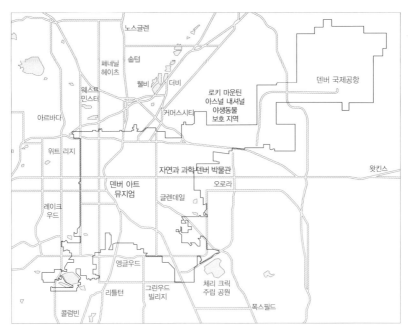

덴버의 지도

과 어려움 속에서도 개인과 가족의 행복을 위해서 누구의 도움에 연연
하지 않고 자신이 결정하고 그 책임을 지는 것이다. 그런 점에서 덴버는
가장 미국적인 개척 도시로서 손색이 없다.

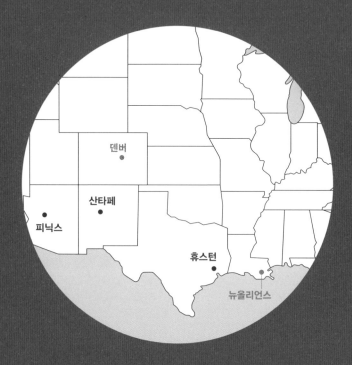

⓴

산타페

환상의 세계에 들어온 듯
착각하게 만드는 과거의 도시

지역 : 뉴멕시코주
인구 : 84,420명(2020년 현재)

푸에블로 인디언과 스페인 정복자들의 대결

리오그란데강을 따라 정착하던 여러 푸에블로 인디언 중 한 부족이었던 타노아족은 서기 900년 이후부터 현재의 산타페 시내에 살기 시작한 것으로 추정된다. 리오그란데강의 지류인 산타페강은 교역과 이동 등 지리

산타페강의 모습

적으로 그들 삶의 중심지였다. 산타페
지역 푸에블로 인디언 중에서 가장 지
배적인 부족인 나바호족과 아파치족의
조상은 서기 1400년경 캐나다 북서부
와 알래스카 동부에서 남서부로 이주한
것으로 알려졌다.

나바호 인디언의 모습

　나바호라는 용어는 나바호 인디언과
접촉한 최초의 유럽인이었던 스페인 선
교사들에게서 유래했다. '계곡에서 농
사를 짓는 사람들'이란 뜻이다. 나바호
인디언은 그들 스스로를 디네^{Diné}라고
불렀다. 단순히 '사람'이라는 뜻이다. 처음에 나바호족은 주로 사냥과 채
집에 의존했다가 점차 옥수수, 콩, 호박의 전통적인 '세 자매'를 주로 재배
하기 시작했다. 스페인인들과 접촉 이후엔 스페인산 양과 염소 방목을 채
택했고, 이것이 그들의 의복, 식량, 그리고 교역의 주요 공급원이 되었다.

　1598년, 오냐테$^{Don Juan de Oñate}$가 스페인 탐험대를 이끌고 산타페에 도
착해서 그곳을 뉴멕시코라고 불렀다. 1607년 뉴멕시코의 두 번째 스페
인 총독인 페랄타$^{Don Pedro de Peralta}$가 산타페 지역에 다시 마을을 건설했다.
그는 그곳을 라 비야 레알 데라 산타페 데샌프란시스코 데아시스$^{La Villa}$
$^{Real de la Santa Fe de San Francisco de Asís}$라고 명명했다. 아시스의 성 프란체스코의
'성스러운 믿음'이란 뜻이다. 1610년 그는 이곳을 지역의 수도로 지정하

고 총독의 궁전^{Palace of the Governor}을 건설했다. 이 건물은 말 그대로 총독이 거처하는 곳이자 주 청사가 되었다. 산타페는 미국에서 가장 오래된 주 청사가 남아 있는 곳으로서 현재까지 산타페를 대표하는 역사적 유물이자 관광 명소이다.

정복자 오나테의 동상

하지만 총독의 궁전은 스페인과 인디언의 끊임없는 대립과 전쟁의 상징이 되었다. 스페인 통치에 불만이 많았던 푸에블로 인디언은 1680년에 대대적인 반란을 일으켰다. 뉴멕시코의 스페인인들은 엘파소로 도망갔다. 주지사 저택은 인디언의 차지가 되었다. 1692년 바르가스^{Don Diego de Vargas}가 산타페를 다시 장악했다. 이후 바르가스의 재정복은 산타페의 주요한 연례 축제로 자리 잡게 되었다. 이 축제는 산타페 지역의 일종의 '추수감사절'로서 지역 주민들과 인디언들이 함께 참여했다. 하지만 21세기에 들어서면서 인디언들은 그 축제에서 바르가스의 '재정복'이 포함되는 것에 불만을 나타내며 반대 운동

산타페를 재정복한
바르가스의 모습

을 전개했다. 그 정복이 '무혈 정복'이 아니라 사실상 '유혈 정복'이었기 때문이다. 2017년에는 축제 반대 소요가 발생해서 8명이 체포되는 불상사도 발생했다. 결국 이 사건 이후 축제에서 '재정복'을 축하하는 행렬은 중단되었다.

인디언과 유럽인들의 행로에서 미국의 행로가 된 산타페 행로

'재정복' 이후 스페인과 인디언 사이에 평화가 찾아왔다. 스페인 정부는 푸에블로 인디언의 지위와 안전을 약속했고, 인디언들 역시 뉴멕시코 정착민들과 평화롭게 교역할 것을 약속했다. 이로 말미암아 산타페는 세인트루이스의 촉타우 부족들과의 모피 무역의 중심지로 성장했다. 1803년 미국이 루이지애나 영토를 프랑스로부터 매입할 당시에도 산타페는 세인트루이스와의 모피 교역을 통해서 번창하고 있었다.

산타페 행로를 처음 개척했던 선구자는 프랑스인들이었다. 1719년 프랑스 장교 클로드 샤를 뒤 티네^{Claude Charles Du Tisne}는 프랑스 당국으로부터 뉴멕시코에 있는 스페인 식민지인 산타페와 무역할 수 있는 경로를 구축하라는 임무를 부여받았다. 그는 일리노이주 카스카스키아에서 첫 번째 탐험을 시작했다. 하지만 인디언 부족들이 협조하지 않아 탐험은 중단되고 말았다. 이후 프랑스 무역상인 피에르 앙투안과 폴 말레가

1739년과 1740년에 카스카스키아에서 출발하여 산타페에 도착한 후 귀환하는 여행에 성공했다. 프랑스 탐험가 피에르 비알은 1792년 이 경로를 따라 또 다른 선구적인 여행을 했고, 세인트루이스의 프랑스 상인과 사냥꾼은 스페인과 산타페의 이 지역에 살고 있는 인디언 부족과의 모피 무역을 장악했다.

1803년 미국의 루이지애나 영토 매입으로 산타페 행로를 통해 무역을 하는 미국 개척민들이 늘어났다. 산타페 행로는 미국의 북서쪽 내륙 프런티어였던 아이다호, 와이오밍, 콜로라도, 몬태나 등의 모피 사냥꾼과 개척민들에게 물품을 전달하는 주요 통로가 되었다. 또한 1810년부터 멕시코 독립 전쟁이 발발하자 미국인들은 산타페 행로를 통해서 전쟁 물자를 팔았다. 1821년 윌리엄 벡널^{William Becknell}은 최초로 산타페에

산타페에 도착한 무역 상인들을 묘사한 석판화

도착했던 미국인 무역상이었다. 이후 미국인들은 그가 이용했던 무역 통로를 산타페 행로라고 불렀다.

1840년대에 '명백한 운명Manifest Destiny'이 미국의 서부 팽창의 슬로건이 되면서 자유 토지를 소유할 기회를 찾는 정착민들은 남서부로의 이주를 시작했다. 산타페 행로는 이들 이주의 주요한 통로가 되었다. 1846년 멕시코와 전쟁이 발발하자, 미국인들은 뉴멕시코도 '명백한 운명'에 포함되어야 한다고 주장했다. 전쟁의 종결과 함께 대부분의 뉴멕시코는 미국의 영토가 되었다. 계속된 '명백한 운명'의 기치에 따라 남부 대륙횡단철도 건설 계획이 세워졌다. 1853년 미국은 뉴멕시코의 남은 남서쪽 영토와 애리조나의 남부 영토를 매입했다.

'명백한 운명'의 버림받은 개척지

'명백한 운명'은 뉴멕시코에서 이중적인 운명을 맞았다. 멕시코와의 전쟁으로 뉴멕시코를 차지하자 미국인들은 이것이 '명백한 운명'의 당연한 결과라고 자축했다. 하지만 뉴멕시코를 연방에 합병시키는 것은 '명백한 운명'이 아니라고 보았다.

1848년 멕시코 전쟁의 결과로 뉴멕시코가 미국의 영토가 되자 다음 해에 뉴멕시코 대표자들은 준주의 대표 자격으로 연방의회에 참여하려고 했다. 하지만 연방의회는 그들을 거부했다. 다음 해에 뉴멕시코는 정식으로 준주 헌법을 채택했음에도 불구하고 연방 정부는 그 헌법을 거부했다. 대다수의 미국인들은 뉴멕시코에 여전히 스페인의 전통이 강하게 남아 있기에 진정한 미국의 영토가 될 수 없다고 본 것이다.

'1850년 타협'이 통과되면서 뉴멕시코의 준주가 인정되었다. 하지만 이것은 뉴멕시코가 준주의 자격을 갖췄다고 보았기 때문이 아니라, 자유주 대 노예주 대결을 피하기 위한 정치적 타협의 일환일 뿐이었다. 캘리포니아가 자유주로 연방에 합류하는 대신 유타와 뉴멕시코 준주는 주민들 스스로 자유주 혹은 노예주로 선택해서 연방에 가입할 수 있게 함으로써 남부 주들의 타협을 유도하기 위함이었다.

뉴멕시코 중 미국과 멕시코의 국경지대 ⓒMJCdetroit

남북전쟁 이후에도 뉴멕시코는 쉽게 연방에 편입되지 못했다. 스페인의 전통과 멕시코의 지배 그리고 가톨릭 종교로 말미암아, 동부와 중서부 미국인들은 뉴멕시코를 연방의 일원으로 받아들이기를 꺼려 했다. 더군다나 대다수 미국인들은 멕시코계 미국인들은 문맹들이고 기본적인 매너와 도덕적 수준에서 미국에 충성할 수 없는 위험한 혈통적 한계를 갖고 있다고 믿었다.

이러한 뉴멕시코에 대한 편견과 그와 맞물린 정치적, 경제적 이해관계 때문에 뉴멕시코는 미국에서 가장 오랫동안 준주에서 정식 주로 승격을 하지 못했다. 1912년, 무려 62년의 오랜 기다림 끝에 뉴멕시코는 마흔일곱 번째 주로서 미국 연방에 편입되게 되었다.

누추한 옛 서부의 마을에서
세계적 예술촌이 되다

뉴멕시코는 미국 역사에서 가장 극심한 차별과 편견을 겪었던 영토이다. 지금도 미국인들에게 뉴멕시코는 대표적인 가난한 주로 알려져 있다. 현재 뉴멕시코의 빈곤율은 20퍼센트에 육박하며 미국에서 세 번째로 가난한 주이다.

하지만 산타페의 이미지는 다르다. 산타페는 관광객들에게 '뭔가 다른 도시'라는 별명으로 불리는데, 이는 부정적인 것보다는 긍정적인 의미에서이다. 1920년대 초부터 도시의 지도자들과 유지들은 산타페를 단순히 먼지 날리는 가난하고 볼품없는 옛 서부의 이미지에서 벗어나도록 하기 위해 도시 조형 사업을 시작했다. 그들이 가장 먼저 시작한 것은 도시의 역사적 전통과 유산을 살리기 위해 새로운 건축물들을 푸에블로 인디언들이 사용했던 목재 빔에다 태양으로 구운 어도비 벽돌로 만들도록 권장한 것이다. 이러한 노력의 결과로 산타페는 미국 내에서 가장 독특한 어도비 도시로 탈바꿈하게 되었고 관광객들의 관심을 받기 시작했다.

이러한 색다른 도시의 풍경으로 예술가들이 몰려들기 시작했다. 1920년대와 1930년대 미국 초기 모더니스트들이 산타페에서 예술 활동을 하기 시작했다. 마그덴 하트릴, 앤드루 다스버그, 조지아 오키프 등 유명

산타페에서 예술 활동을 했던
아티스트 조지아 오키프

설치 미술가 제임스 터렐

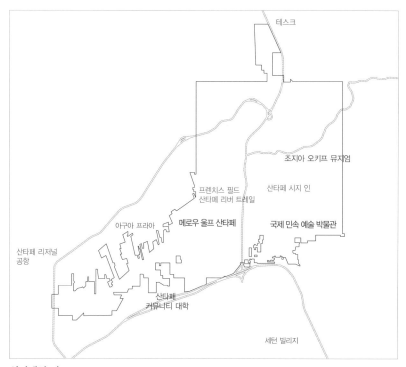

산타페의 지도

한 작가들이 포함되었다. 1988년 제임스 터렐이 산타페 현대 미술 센터 주차장에 '스카이스 페이스'를 설치했다. 관람객들이 그것을 통해 뉴멕시코의 하늘을 살펴볼 수 있게 되었다. 현재 산타페는 뉴욕과 로스앤젤레스 다음으로 가장 큰 미술 시장이 되었다. 도시 규모로 따지면 미국에서 가장 많은 미술관이 집중된 도시이기도 하다. 서부 미술, 카우보이 미술, 인디언 부족들의 도자기 및 장식품 등 다양한 장르의 미술과 예술품을 맛볼 수 있는 도시가 산타페이다.

남서부 인디언 문화와 스페인 식민지 시대의 유산, 그리고 미국 서부 개척 시대의 문화를 접하면서 가장 독특하면서도 매력적인 건축과 예술을 볼 수 있는 작은 남서부의 도시, 과거와 현재가 수려한 자연과 함께 어우러져 있는 도시, 마치 환상의 세계에 들어온 듯 착각하게 만드는 과거의 도시를 보고자 한다면 산타페를 결코 놓쳐서는 안 된다.

21

피닉스

황무지에서 '태양의 밸리'로의
성공 신화

지역 : 애리조나주
인구 : 1,658,000명(2020년 현재)

PHOENIX

귀신 타운에서 '에덴동산'으로

현재의 피닉스 지역에 최초로 거주했던 원주민들은 호호캄^{Hohokam} 부족으로서 기원전 300년 정도부터 거주한 것으로 알려진다. 그들이 남긴 대규모 관개시설은 북아메리카에서 가장 큰 것으로서 그들이 상당한 규모의 부락을 형성했던 것으로 추정할 수 있다. 그런데 그들은 1200년경에 갑자기 다른 곳으로 이주했다. 그들이 왜 갑자기 그곳을 떠나 다른 곳

**호호캄 부족이
사용한 집** ⓒMarine 69-71

으로 갔는지에 대해서는 명확하지 않다. 호호캄이라는 이름도 '사라진 사람들' 혹은 '떠나간 사람들'이라는 인디언의 말에서 유래했다.

18세기 중엽에 스페인 신부들이 선교 목적으로 지금의 남부 애리조나 지역에 정착했다. 이들은 그곳을 원주민들의 명칭에 따라 알리소낙[ali sonak]이라 불렀는데, '작은 온천 지역'이란 의미이다. 이곳에 민간인들이 본격적으로 정착을 시작한 것은 1848년 멕시코 전쟁의 결과로 애리조나가 미국의 영토로 편입되면서부터이다.

캘리포니아 골드러시의 여파는 애리조나에까지 찾아왔다. 독일에서 갓 이민 온 헨리 위켄버그[Henry Wickenburg]는 1853년 금을 찾아 샌프란시스코에 도착했다. 여러 금광촌에서 금 채굴에 대한 지식을 습득한 후, 그는 1863년 피닉스의 북서쪽에 위치한 벌처[Vulture]에서 금광을 발견하고 금광촌을 설립했다. 벌처시

헨리 위켄버그의 모습

티는 순식간에 5,000명이나 되는 사람들로 북적이게 되었다. 하지만 금광 붐은 오래가지 못하고 폐광촌으로 변하고 말았다. 지금은 애리조나의 대표적인 '귀신 타운[Ghost Town]' 관광 명소가 되었다.

1867년 솔트강 계곡을 탐사하던 잭 스윌링[Jack Swilling]은 호호캄 인디언들이 만들었던 관개수로의 흔적을 발견했다. 그는 그것을 활용해서 관개수로 공사를 확장하면 농사를 지을 수 있는 마을이 들어설 수 있다고 판단했다. 그의 판단은 적중했다. 솔트강 계곡 관개 운하 공사로 밀, 보

벌처 금광을 찾아온 정착민들이 살던 집 흔적

리, 옥수수 수확에 성공하게 되었다. 정착민들은 그곳을 피닉스라고 명
명했다. 고대 이집트의 태양의 도시 헬리오폴리스와 연계된 불사조에

얽힌 신화적 의미에다 나일강의 홍
수와 창조의 이미지를 생각해서였
다. 스윌링으로 말미암아 피닉스는
황량한 서부의 땅에서 '미국의 에덴
동산'이 된 것이다. 이것이 피닉스의
시작이며 피닉스 정착민들의 자부심
이 되었다.

잭 스윌링의 모습

루스벨트의 댐이 만든 '태양의 밸리'

금광으로는 성공을 거두지 못했지만, 농사를 지을 수 있는 정착지로서 자리를 잡으면서 피닉스는 꾸준히 이주민들을 불러들여서 안정적인 성장을 이뤄 냈다. 하지만 사막에 생긴 작은 농촌 마을의 성장에는 장애가 많았다. 특히 19세기 후반 계속 반복되는 가뭄과 홍수가 마을의 발전을 가로막았다.

이러한 어려움을 극복하고 피닉스가 지금의 도시로 성장하게 된 결정적인 계기는 시어도어 루스벨트가 대통령이 되면서 찾아왔다. 1902년 루스벨트는 국가 간척법의 일환으로 솔트강 댐 건설을 시작했다. 농사에 필요한 물을 확보할 뿐만 아니라 전력을 공급할 수 있는 댐은 피닉스

솔트강 댐의 모습

애리조나주의 인장

를 조그만 농촌 마을에서 대도시로 성장할 수 있게 만들었다. 1911년에 세계에서 가장 큰 석조 댐 완공식에 참석한 루스벨트의 감회는 남달랐다. 그는 그 댐을 파나마운하 다음으로 그가 이룩한 최고의 업적으로 자랑할 정도로 의미를 두었다. 그 다음 해 애리조나는 마흔여덟 번째 미국의 주로 연방에 편입되었고, 피닉스는 주도가 되었다. 애리조나주의 인장 중앙에는 루스벨트의 댐 그림이 자리하고 있다.

피닉스가 성장한 이유에는 국가적 개발 사업도 있었지만 도시를 효율적으로 운영하려는 시민들의 의지도 컸다. 1913년 피닉스 시민들은 시 운영을 기존의 시장-시의회 체제에서 시의회-전문 경영인 체제로 바꿨다. 즉 기존의 정치 관료들 중심에서 전문 경영인 중심의 운영을 통해서 타성과 부패로 점철될 수 있는 시 운영을 효율과 투명성을 보장받는 운영으로 바꾼 것이다. 이는 미국에서 최초로 시행되는 체제로서 도시 발전에 크나큰 계기가 되었다. 1920년에 피닉스의 인구는 약 3만 명까지 치솟았다. 1930년대에 피닉스는 '태양의 밸리The Valley of the Sun'라는 슬로건을 내걸고 본격적으로 관광객 유치를 위한 홍보를 시작했다.

제2차세계대전으로 군수 제조업이 성황을 누리면서 도시는 산업도시로 급속히 탈바꿈되기 시작했다. 게다가 3개의 공군기지가 들어서고 2개의 조종사 훈련소가 들어서면서 인구수가 늘어났다. 조지 패튼 장군의 기갑부대 병사들이 피닉스 인근에서 훈련을 받은 것은 유명하다. 1948년에 모토롤라가 피닉스에 군사 전자 연구 및 개발 센터를 세우자, 인텔과 맥도넬더글러스 등 하이테크 회사들이 피닉스에 몰려들기 시작했다.

시 정부는 전후 경기 침체를 우려해서 피닉스를 관광지로 홍보하기 시작했다. 에어컨이 붐을 일으키면서 피닉스에는 수많은 에어컨 제조 회사들이 들어서게 되었고, 뜨거운 사막 기후이지만 시원한 에어컨이 돌아가는 숙소의 야외 수영장과 스파에서 여유로운 휴가를 보내는 피닉스의 이미지를 만들어 냈다. 관광객이 몰려들었고 인구도 증가했다. 1940년 6만 5,000명이었던 인구가 1950년에 10만 6,000명으로 늘어났다. 1960년대에는 40만 명으로 치솟았다. 2022년 피닉스의 인구는 465만 명으로 미국에서 다섯 번째로 큰 도시가 되었다. 태양이 작열하는 사막 지역임을 고려할 때 이는 놀라운 기적이 아닐 수 없다.

'선벨트 아파르트헤이트'의 오명

폭발적인 인구 증가는 흑백 문제 등 소수민족 문제를 낳았다. 도시의 발전은 백인들이 거주하는 북부 지역에 국한되었다. 백인들은 다른 소수민족이 이곳에 살지 못하도록 했다. 1962년 민권위원회의 보고에 의하면 북부 지역에 들어선 3만 1,000개의 주택 중에 흑인이 소유한 집은 단 한 채도 없었다. 흑인들과 히스패닉은 대부분 도시의 남쪽 지역에 거주했다.

인종차별주의자
조지프 아르파이오의 모습
ⓒGage Skidmore

애리조나는 남북전쟁 시기부터 남부 정서가 강했다. 남북전쟁이 발발하자 애리조나 준주는 남부연합에 가입했다. 이러한 정서는 남북전쟁 이후에도 계속되었다. 남부연합 옹호자들은 피닉스가 부활을 상징하는 새라고 하면서, 피닉스를 통해 남부 정신이 부활해야 한다고 주장하기도 했다. 특히 매리코파 카운티의 인종차별은 악명이 높았다. 그중 대표적인 인물이 1993년 부터 2017년까지 경찰서장을 지냈던 조지프 아르파이오^{Joseph Michael Arpaio}였다. 그는 노골적으로 반흑인, 반멕시칸, 반이민주의를 내세웠다. 자신을 '미국에서 가장 강인한 경찰'이라고 치켜세우며 강력한 인종차별 정책을 통해 카운티를 백인들만의 천국으로 만들고자 했다. 아르파이오는 오랫동안 피닉스가 낳은 백인의 영웅으로 추앙받았다.

하지만 히스패닉 이민자들의 수가 늘어나면서 피닉스는 더 이상 백인들의 도시가 될 수 없었다. 2020년 기준으로 히스패닉이 42.6퍼센트를 차지하며 백인 인구 42.5퍼센트와 거의 같게 되었다. 흑인 인구는 7퍼센트 정도로 여전히 낮은 비율을 차지하고 있다. 애틀랜타의 흑인 인구가 52퍼센트이고 휴스턴이 23퍼센트인 것에 비하면 피닉스의 흑인 비율은 매우 예외적인 것이다.

피닉스에 백인 우월주의의 전통이 강하게 남아 있는 것은 잭 스월링의 개척 시대부터 그들이 '미국의 에덴동산'을 조성했다는 자부심에 근거한다. 피닉스가 전통적인 남부 지역과 지리적으로 상당히 떨어져 있었지만, 이러한 정서가 그들만이 가장 미국적인 도시를 만들 수 있다는 오만을 낳았고, 이것이 피닉스에 '선벨트 아파르트헤이트'로 불리는 불명예를 안긴 것이다.

계속되는 '피닉스의 기적'

대부분의 대도시와는 달리 피닉스의 성장은 2000년대에 와서도 계속되어 2007년까지 인구가 24.2퍼센트나 성장해서 150만 명을 넘어섰다. 미국에서 라스베이거스 다음으로 가장 빠르게 성장한 도시가 된 것이다. 하지만 가파른 성장은 2008년 서브프라임 모기지 경제 위기로 발목이 잡혔다. 피닉스는 이 국가적 위기에서 가장 심각한 타격을 받은 도시가 되었다. 2009년 피닉스 평균 주택가는 무려 15만 달러나 추락했다. 피닉스 도심의 주택 가격은 56퍼센트나 하락했다.

그런데 피닉스는 다른 대도시보다 훨씬 빨리 2008년 경제 위기에서 탈출했다. 피닉스의 이러한 경제 회복력은 '피닉스 기적'으로 불린다. 이에 대한 정의는 명확하지 않고 전문가들의 견해가 다양하지만, 피닉스의 놀라운 인구 증가와 도시 성장으로 말미암아 빠른 속도로 경제 침체에서 빠져나올 수 있었다고 본다. 그 이유 중에 하나는 피닉스의 땅값이 다

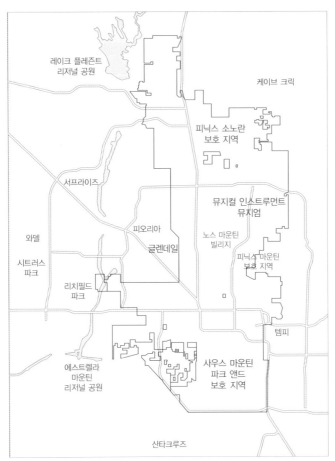

레이크 플레즌트
리저널 공원

케이브 크릭

피닉스 소노란
보호 지역

서프라이즈

뮤지컬 인스트루먼트
뮤지엄

피오리아

와델

글렌데일

노스 마운틴
빌리지

시트러스
파크

피닉스 마운틴
보호 지역

리치필드
파크

템피

에스트렐라
마운틴
리저널 공원

사우스 마운틴
파크 앤드
보호 지역

산타크루즈

피닉스의 지도

른 하이테크 도시보다 상대적으로 저렴한 데 있다. 샌프란시스코와 비교
하면 집값은 약 네 배가 싸며, 세금과 에너지 비용 등에서도 샌프란시스
코보다 25퍼센트나 저렴하다. 그래서 신생 스타트업 기업뿐 아니라 옐
프나 우버 같은 대기업들이 피닉스에 사무소를 차렸던 것이다.

'피닉스의 기적'은 사회적 영역에서도 나타나고 있다. 백인 우월주의 도시라는 불명예를 벗어나며 피닉스는 자유와 기회가 넘쳐 나는 미국적인 도시라는 이미지로 탈바꿈되고 있다. 피닉스는 1952년 선거부터 한 번의 예외가 없이 공화당 대통령 후보를 선택했지만, 2020년 대통령 선거에서는 조 바이든 민주당 후보를 선택했다. 이로 말미암아 애

애리조나에서 근소한 차이로 승리한 바이든 대통령

리조나에서 바이든이 도널드 트럼프 공화당 후보를 0.3퍼센트의 근소한 차이로 누르고 승리할 수 있었다.

'태양의 밸리'를 '미국의 에덴'으로 만들었던 피닉스인들은 '선벨트 아파르트헤이트'의 오명에서 벗어나 계속된 '피닉스의 기적'을 이루기 위해 진력하고 있다.

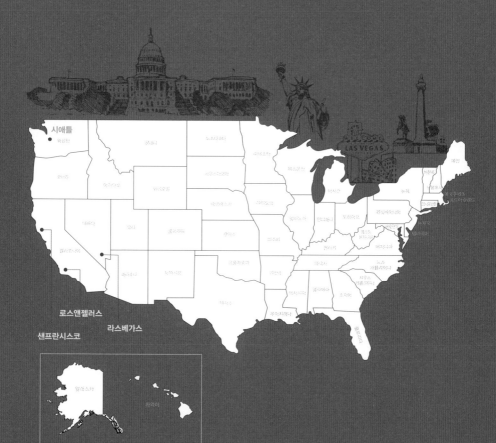

제5부

극서부

시애틀
워싱턴

로스앤젤레스

샌프란시스코   라스베가스

알래스카   하와이

22

시애틀

성공 신화의 도시에서
'잠 못 이루는' 문제의 도시로

지역 : 워싱턴주
인구 : 741,300명(2020년 현재)

골드러시의 붐타운

고고학적 발굴에 의하면 아메리카 원주민은 1만 년 전부터 시애틀 지역에 거주했다. 최초의 유럽 정착민이 도착했을 때 두와미시^{Duwamish} 부족은 엘리엇만 안쪽과 워싱턴 호수 사이에서 17개 마을을 형성하여 살고 있었다. 시애틀 지역을 탐사한 최초의 유럽인은 조지 밴쿠버였다. 영국 해군 장교로서 그는 태평양 북서부 지도를 작성하기 위해 1791~1795년 원정을 하던 중에 1792년 5월에 시애틀을 발견했다.

두와미시 부족 사람들

미국인들이 시애틀에 본격적으로 이주하게 된 계기는 1846년 영국과 맺은 오리건 조약 때문이었다. 이 조약으로 시애틀을 비롯한 지금의 워싱턴주는 미국의 영토로 확정되었다. 그때까지는 오리건 영토를 영국과 미국이 공동 관리하고 있었는데, 오리건에 미국 선교사들이 모여들면서 미국인의 인구가 늘고 양국 간에 불편한 기류가 형성되었다. 당시 미국은 '명백한 운명'의 열풍에 휩싸여서 오리건 영토 전부를 미국이 차지해야 한다고 주장했

조지 밴쿠버의 모습

다. 민주주의와 기독교의 확장을 위해서 미국이 오리건 영토 전부를 차지해서 관리해야 한다는 것이었다. 하지만 1846년 미영 양국은 조약을 성사시켜 오리건 영토를 분할했고, 그것으로 지금의 캐나다와 미국 영토의 국경선이 확정되었다. 미국으로서는 나쁘지 않은 타협이었다. 당시 시애틀을 포함해서 태평양 북서부 무역을 지배했던 영국의 허드슨베이 회사가 떠나면 미국인들이 목재 산업을 주도할 수 있었기 때문이다.

1848년 캘리포니아 골드러시는 시애틀을 붐타운으로 만들었다. 골드러시로 말미암아 캘리포니아의 인구가 폭발적으로 늘어나자 주택 공급에 필요한 목재 수요가 늘어났다. 시애틀의 목재 산업은 폭발적으로 확장됐다. 목재를 보관할 수 있는 깊고 안전한 정박지였던 퓨젓사운드Puget Sound는 성황을 이루었다. 골드러시가 끝난 후에도 이러한 추세는 계속되었다.

캘리포니아에서 금광을 탐사하는 사람들

캘리포니아로의 항해를
홍보하는 광고

무법과 악마의 소굴

급격한 목재 산업의 발전과 이에 따른 인구의 증가는 퓨젓사운드를 타락과 범죄의 도시로 만들었다. 이전에는 목재 산업에 의존하는 작은 도시로서 평화롭고 안전한 마을이었다. 하지만 도시가 발전하고 돈과 사람이 늘어나면서 살롱 역시 늘어났다. 당시 대다수 이주자들은 일확천금을 노리는 남자들이었기 때문에 도박, 음주, 폭력, 매춘 등이 도시의 주요 풍경이 되었다. 시애틀은 한동안 무법과 악마의 소굴로 악명이 높았다.

특히 그레이스하버 주변의 애버딘과 호퀴엄 등은 가장 악명이 높은 범죄 도시가 되었다. 한 해에 40명이 넘는 시체가 이곳으로 떠내려오기도 했다. 빌리 골Billy Gohl은 전설적인 연쇄살인범으로 악명이 높았다. 그는 살인뿐만 아니라 강도, 도둑, 방화 등 갖가지 범죄에 연루되었던 시애틀의 대표적인 범죄자로 악명을 떨쳤다. 그는 특히 애버딘을 항해하는 선원들을 주 범죄 대상으로 삼았다. 1910년 그가 체포되고 종신형을 받으면서 '골의 공포'는 사라지게 되었다.

빌리 골의 모습

최근의 연구에 의하면 골에 대한 혐의는 근거가 약한 것으로 추정되었다. 그레이스하버에서 발견된 수많은 시체들은 골이 살해한 것이 아니라, 벌목 현장과 운송 과정의 위험한 환경 때문에 발생한 사고의 결과라는 것이다. 또한 그가 연쇄살인범의 악명을 받게 된 것은 기업가들이 노조 활동을 주도했던 골을 악마로 만들고자 해서 발생한 것이라는 주장이다.

유콘-알래스카 골드러시와 1909년 세계 박람회

미국은 1893년부터 사상 최악의 불황에 시달렸다. 이는 미국 역사에서 그때까지 미국이 겪은 가장 큰 공황이었다. 1929년 대공황이 없었다면 1893년 대공황이란 이름이 새겨질 정도의 엄청난 불황이었다. 시애틀도 심각한 타격을 받았다. 유니언호에 자리 잡았던 수많은 제재소들은 파산했고 부동산 경기는 바닥을 쳤다.

그러나 3년 뒤 캐나다의 유콘에서 발견된 금으로 말미암아 시애틀은 제2의 부흥기를 맞게 되었다. 유콘의 골드러시가 시들해질 무렵인 1899년에는 알래스카에서 금광이 발견되면서 시애틀의 붐은 계속되었다. 골드러시 족들이 미국 서부에서 가장 북쪽에 위치한 시애틀을 통해서 캐나다와 알래스카로 향했기에, 골드러시로 인한 주택 및 건설 붐으로 시애틀은 폭발적인 성장을 하게 되었다. 1890년 약 4만 3,000명이었던 시애틀의 인구는 1900년에 두 배로 증가했고, 1910년에는 23만 7,000여 명으로 늘어났다. 수많은 회사들이 시애틀에 자리를 잡았다. 그 대표적인 것이 1907년 19세의 제임스 케이시^{James E. Casey}가 친구로부터 100달러를 빌려 설립한 미국 메신저 회사^{American Messenger Company}였다. 이것이 UPS(United Parcel Service)의 전신이었다. '가장 낮은 가격으로 최고의 서비스'를 주창하는 케이시의 UPS는 전 세계 220개국이 넘는 곳을 연결하는 세계 최대의 소포 배송 회사로 발전했다.

알래스카-유콘 골드러시의 절정은 1909년 시애틀에서 열린 알래스카-유콘-태평양 박람회였다. 박람회의 주요 전시가 열린 워싱턴 대학교는 박람회의 가장 큰 수혜자였다. 박람회에서는 미국의 알래스카 매입에 일등 공신인 수어드^{William H. Seward} 기념 동상을 세웠다. 그 동상은 현재 볼런티어 공원^{Volunteer Park}에 세워져 있다.

보잉, 빌 게이츠, 베이조스,
그리고 스타벅스의 도시

알래스카-유콘-태평양 박람회 중에 사람을 태운 비행기를 처음으로 목격하고 비행기에 매료된 사람이 있었다. 그가 바로 훗날 보잉 회사를 설립한 윌리엄 보잉이다. 시애틀 서쪽 호퀴엄에서 목재 사업을 하던 보잉은 박람회에서 비행기를 본 후 1916년에 비행기 사업에 투신했다. 1년 후 미국이 제1차세계대전에 참전하면서 보잉은 미 해군으로부터 50대의 비행기 제작을 수주받게 되었다. 전쟁이 끝난 후 보잉은 우편 업무에 필요한 민간 비행기 제작에 몰두했다. 현재 보잉은 시애틀에서 가장 많은 노동자를 고용하는 회사이다.

시애틀이 탄생시킨 또 한 명의 기업가는 마이크로소프트사를 창립한 빌 게이츠이다. 그는 시애틀에서 태어나서 자랐으며, 그와 함께 마이크로소프트사를 창립했던 폴 알렌 역시 시애틀 태생으로 어릴 적부터 두 사람은 절친한 친구였다. 두 사람은 1970년대와 1980년대 마이크로컴퓨터 혁명을 견인했다.

시애틀을 대표하는 또 한 명의 기업가는 현재 아마존의 CEO인 제프 베이

윌리엄 보잉의 모습

**세계 경제 포럼에서 연설을
하고 있는 빌 게이츠**
ⓒWorld Economic Forum

조스이다. 베이조스는 뉴멕시코의 앨버커키에서 출생했고 휴스턴과 마이애미에서 자랐지만, 1994년 뉴욕에서부터 시애틀에 이르는 대륙 횡단 여행을 하고 나서 아마존을 설립했다. 시애틀 교외의 벨뷰에 위치한 그의 차고에서 온라인 서적 판매로 시작한 아마존은 현재 세계에서 가장 큰 온라인 판매 회사이자 총 매출로는 가장 큰 인터넷 회사로 성장하게 되었다. 시애틀을 대표하는 '스리 B'는 보잉, 베이조스, 빌 게이츠이다. 회사와 창업주의 알파벳 B를 따서 만든 개념이다.

시애틀은 커피로도 유명하다. 미국 내 도시 중에서 인구당 커피 소비량이 가장 많은 곳이 시애틀이다. 시애틀 시민의 일인당 한 달 커피 소비액은 36달러로 미국 내 최고이다. 시애틀 시내에서 한 블록이라도 커피 카페를 보지 않고 지나칠 확률은 거의 없을 정도로 커피 가게가 가득하다. 시애틀은 소비뿐만 아니라 커피 볶는 사업에서도 세계 최대이다. 그중에서 가장 유명한

제프 베이조스의 모습

시애틀에 있는 스타벅스 센터 본사 ⓒCoolcaesar

것이 스타벅스이다. 1971년 파이크 플레이스 마켓에서 커피 볶는 사업으로 시작해서 에스프레소 카페로 유명해진 스타벅스는 전 세계에서 가장 큰 커피 볶는 사업과 관련 물류 기업으로 성장했다.

잠 못 이루는 낭만의 도시?

이러한 대기업의 성장으로 말미암아 시애틀의 인구는 꾸준히 증가하고 있다. 1958년에 100만 도시가 되더니 1986년에 200만 도시, 2009년에 300만 도시가 되었고, 현재는 약 350만 명이 시애틀 메트로폴리탄에 거주하고 있다. 인구의 증가와 함께 시애틀의 주택문제는 심각한 도시 문

시애틀 노숙자들의 모습

제로 부상되었다. 시애틀의 집값은 현재 미국에서 아홉 번째로 높다. 주택문제와 함께 시애틀은 노숙자 문제로 심각한 상황에 처해 있다. 인구 1만 명당 30명이 노숙자 생활을 하고 있다. 현재 미국에서 세 번째로 노숙자가 많은 도시가 되었다. 2010년 이후로 노숙자 인구는 30퍼센트나 증가하고 있는데, 이에 따라 갖가지 범죄율도 늘어나고 있다. 이는 시애틀의 가장 큰 문제로 부각되고 있다. 주택문제와 함께 러시아워 교통 체증 역시 심각한데, 현재 미국에서 다섯 번째로 러시아워 교통 체증이 심한 도시로 알려졌다.

1993년에 개봉된 영화 〈시애틀의 잠 못 이루는 밤〉은 시애틀을 배경

시애틀의 지도

으로 한 대표적인 영화이다. 이 영화로 시애틀은 낭만적인 도시의 이미
지로 부각되었다. 하지만 노숙자와 범죄, 그리고 주택난과 교통난 등으
로 현재 시애틀은 전혀 다른 의미에서 '잠 못 이루는 도시'로 변해 가고
있다.

23

샌프란시스코

골드러시의 도시에서
히피와 자유의 메카로

지역 : 캘리포니아주
인구 : 874,800명(2020년 현재)

예르바 부에나에서 샌프란시스코로

1769년 포톨라$^{Don Gaspar de Portolá}$가 이끄는 스페인 탐험대가 샌프란시스코에 도착했다. 기록상으로 최초로 샌프란시스코에 도착한 유럽인들이었다. 현재의 프리시디오 샌프란시스코에 소규모 군대가 주둔했고, 미션 돌로레스에 선교사들이 기거했다. 그들과 맞닥뜨린 원주민들은 올로니족의 옐라무 부족으로서 유럽인과는 비교적 우호적인 관계를 유지한 것으로 알려졌다.

스페인 탐험대를 이끌었던 포톨라

1821년에 멕시코가 스페인으로부터 독립하면서 샌프란시스코는 미션 중심의 스페인 거주지에서 일반인 거주지로 변하기 시작했다. 1835년 영국 태생으로서 멕시코 시민이 된 윌리엄 리처드슨이 지금의 포츠머스 스퀘어에 2층짜리 집을 지어 살면서 타운과 도로를 기획했고, 그곳을 예르바 부에나Yerba Buena라고 명명했다. 당시 그곳에 자라고 있던 달걀 모양의 민트 허브 식물을 두고 붙인 이름이다. 리처드슨은 그곳을 지나는 선박에 신선한 물을 팔아서 수익을 올렸고, 끊임없는 로비를 통해

윌리엄 리처드슨의 모습

멕시코 정부로부터 지금의 마린 카운티인 랜초 소셀리토Rancho Saucelito에 대한 소유권을 획득했다. 지금도 포츠머스 스퀘어 주변에서 그의 이름을 딴 만과 길을 만날 수 있다.

미국인들은 1846년 멕시코와의 전쟁을 통해 본격적으로 캘리포니아에 정착하기 시작했다. 전쟁 기간에 존 몽고메리 대위가 예르바 부에나에 도착한 후 그곳을 샌프란시스코로 개명했다. 그리고 예르바 부에나 광장은 그곳을 함락시킨 미 해군 함대 포츠머스의 이름을 따서 포츠머스 스퀘어로 개명되었다.

샌프란시스코의 이름을 지은 존 몽고메리

골드러시와 포티나이너스

사금을 가려내고 있는 포티나이너

1846년 1월 24일 새크라멘토 북동부에서 금이 발견되었다. 미국의 서부 개척사에 이정표적인 사건이었다. 금광과 가장 가까운 항구도시인 샌프란시스코로 미국 전역과 전 세계에서 이주자들이 금을 찾아 몰려들었다. 1848년에 불과 1,000명 정도의 사람이 살았던 도시가 1849년에 무려 2만 5,000명까지 인구가 불어났다. 인류 역사상 그 유례를 찾을 수 없는 사상 최대의 인구 증가를 기록한 것이다. 이들을 포티나이너스[49ers]라고 한다. 1849년에 이주한 사람들이라는 것이다. 그래서 샌프란시스코 소재 미식 축구팀 이름이 포티나이너스이다.

샌프란시스코는 순식간에 '서부의 관문'이 되었다. 항구는 금을 찾아 몰려든 사람과 그들이 타고 온 크고 작은 선박으로 가득 찼다. 당시에 약 500개의 선박이 항구에 버려졌다고 한다. 사람들은 일확천금 환상에 사로잡혔지 혹여 금을 찾지 못하고 돌아가야 하는 상황은 생각하지 못했던 것이다. 버려진 선박들은 가게, 주막, 호텔 등으로 활용되기도 했지만, 그렇지 못한 선박은 그대로 방치되었다.

골드러시로 사람과 부가 샌프란시스코에 몰리자 1852년에 웰스파고

골드러시 당시
샌프란시스코만을
가득 메운 상선들

은행이 들어섰고 1864년에 캘리포니아 은행이 들어섰다. 1869년 대륙
횡단철도가 샌프란시스코와 연결되면서 샌프란시스코는 서부의 무역
중심지가 되었다. 물류 수송은 물론이고 동부 사람들의 샌프란시스코 이
주에 획기적인 계기가 되었다. 1870년 샌프란시스코의 인구는 15만 명
으로 늘어났다. 1860년에 5만 6,000여 명 정도였는데 10년 만에 약 세
배나 불어난 것이다. 1890년에는 30만 명으로 늘었다. 서부에서 가장 많
은 인구가 사는 도시가 되었다.

골드러시로 수많은 중국인들도 캘리포니아로 건너왔다. 1848년에는
중국인 남성 1명과 여성 2명만이 샌프란시스코에 도착했는데, 불과 2년
만에 이주자의 수가 무려 2만 명으로 늘어났다. 1870년에는 샌프란시스
코 전체 인구의 약 9퍼센트가 중국인이었다. 급속히 불어난 중국인 이민
자들은 샌프란시스코의 인종 및 문화의 다양성에 지대한 공헌을 했지만

샌프란시스코 차이나타운의 모습

그들이 받은 차별과 핍박도 컸다. 샌프란시스코의 차이나타운은 서부 인 종차별의 상징이 되었다.

대지진과 대공황을 극복한 기적의 도시

1906년 4월 18일 새벽에 리히터 규모 8.3의 역사상 가장 강력한 지진이 샌프란시스코와 북부 캘리포니아를 강타했다. 지진과 지진에 따른 화재 로 도시의 4분의 3이 무너지거나 불에 타 버렸다. 특히 도심은 80~90퍼센트가 잿더미로 변했다. 3,000명 이상이 목숨을 잃었다. 도시 인구 40만 명의 절반 이상이 집을 잃었으며, 집을 잃은 이들은 골든게이트 공원, 프리시디오, 해변 등의 임시 거처에서 기거했다. 상당수는 이스트 베이로 이사를 했고 로스앤젤레스로 거주지를 옮겼다. 이후 로스앤젤레스가 캘리포니아에서 가장 인구가 많은 도시가 되었다.

지진으로 도시가 완전히 마비된 후 10일 만에 샌프란시스코의 상징이자 명물이었던 전차가 마켓 스트리트에서 다시 운행을 시작했다. 시민들은 환호했다. 도시가 살아나고 있다는 증표였다. 실제로 샌프란시스코는 놀라운 속도로 복구되었다. 민-군-은행의 적극적인 노력으로 말미암아 도시는 급속도로 복원되었고, 1915년 샌프란시스코는 파나마-퍼시픽

1906년 지진으로 폐허가 된 샌프란시스코

앨커트래즈섬의 모습 ⓒChris6d

국제박람회를 유치했다. 미국뿐만 아니라 전 세계에 '샌프란시스코의 기적'을 알리게 된 것이다.

대지진 후 성공적인 복원을 이룬 샌프란시스코는 1929년에 시작된 미국의 대공황에도 크게 흔들리지 않았다. 다른 도시들과는 달리 샌프란시스코에서는 단 하나의 은행도 파산하지 않았다. 오히려 대공황 때에 텔레그래프힐 피오니아 공원에 64미터 높이의 코이트 타워가 건설되었고, 샌프란시스코의 양대 다리, 오클랜드 베이 브리지와 골든게이트 브리지가 건설되었다. 샌프란시스코만에서 2킬로미터 떨어진 앨커트래즈섬에 연방 교도소가 완공되었다. 이 모든 건설이 대공황 시기에 이뤄진 것이다. 1939~1940년에 트레저 아일랜드에서 골든게이트 국제박람회가 개최되었다. 샌프란시스코가 대지진과 대공황을 완전히 극복했다는 것을 보여 주는 행사였다.

극서부

히피와 자유의 메카

제2차세계대전 이후 샌프란시스코는 미국에서 가장 자유로운 도시로 부각되기 시작했다. 젊은이들과 예술가들 중심의 '비트 운동' 혹은 '비트 제너레이션'으로 알려진 미국의 사회 및 문예 운동이 로스앤젤레스의 베니스 웨스트와 뉴욕의 그리니치 빌리지와 함께 샌프란시스코 노스 비치의 보헤미안 예술 공동체를 중심으로 활발하게 전개되었다. 1960년대에는 히피들이 헤이트-애시베리^{Haight-Ashbury}에 모여들면서 빈티지 스타일의 의상 가게와 레코드 가게와 서점, 그리고 허름한 술집들과 다양한 취향의 음식점들이 혼재되어 있는 독특한 거리가 조성되었다.

샌프란시스코의 히피 문화는 1967년 '사랑의 여름'으로 극치를 이뤘다. 전국적으로 10만 명 이상의 젊은이들이 헤이트-애시베리 거리에 모였다. 100여 년 전 골드러시로 샌프란시스코가 미국 전역과 해외에서 몰려든 이주자들로 북적였다면, 이제 젊은이들이 평화를 외치고 자유를 만끽하기 위해 헤이트-애시베리에 모인 것이다. 그들은 히피 의상을 입고, 베트남 반전 데모와 자유연애를 주창하는 대대적인 반문화 운동을 주도했다. 그중에는 전설적인 가수 지미 헨드릭스도 포함되었다. 지금도 그가 살았던 집은 거리의 랜드마크로 관광객을 맞고 있다. 1964년 《라이프》 잡지는 샌프란시스코를 '미국 동성애의 수도'라고 했으며, 실제로 지금까지 샌프란시스코에는 미국 내에서 인구당 가장 많은 동성애자가 살고 있다.

1967년 샌프란시스코 거리를 메운 반전 행렬

고성장 도시와 노숙자의 그늘

1969년 샌프란시스코에 52층 높이의 뱅크 오브 아메리카 빌딩이 들어
서고 1972년에는 48층 높이의 트랜스아메리카 피라미드 건물이 완성되
면서 고층 건물이 경쟁적으로 들어섰다. 1990년도 말에 닷컴 인터넷 사
업의 호황에 따라 샌프란시스코의 경기는 전례 없는 호황기를 맞게 되
었다. 수많은 인터넷 관련 기업들과 스타트업 회사들이 도시에 몰려들었
다. 한때 가난한 사람들이 살았던 지역에까지 새로운 주택과 회사가 들
어섰다. 마켓 디스트릭의 남쪽에서 다시금 빌딩의 고층화가 붐을 이뤘

샌프란시스코의 지도

다. 2000년에 도시의 인구는 역대 최고치인 약 78만 명에 도달했다. 소셜 미디어 붐과 애플과 구글 등 인근 실리콘밸리에 위치한 대형 기업들로 말미암아 샌프란시스코에서는 여전히 주택과 사무실에 대한 수요가 계속 증가하고 있다.

　샌프란시스코의 고성장은 현재 도시의 가장 큰 문제를 발생시켰다. 바로 노숙자 인구 급증에 따른 문제이다. 다른 대도시처럼 급속한 도시 발전과 고층 빌딩이 초래한 노숙자 문제는 샌프란시스코의 고질적인 사회 문제로 부각되었다. 샌프란시스코에는 뉴욕과 로스앤젤레스 다음으로

골든게이트 브리지의 모습

많은 노숙자가 살고 있다. 흑인 인구는 전체 인구의 13.4퍼센트로서 다른 대도시에 비해 높은 수치가 아니지만, 이들은 전체 노숙자의 39.8퍼센트를 차지하고 있다.

골든게이트 브리지는 샌프란시스코의 상징이다. 많은 사람들이 샌프란시스코의 골든게이트 브리지가 옛날의 골드러시 때문에 붙여진 이름이라고 생각한다. 하지만 다리는 골드러시와 아무 상관이 없다. 태평양과 샌프란시스코만의 해협의 이름이 골든게이트이기에 그에 따라 다리 이름을 지은 것이다. 다리의 색깔도 금빛이 아니다. '국제적 빨강색'으로 분류되는 페인트 색깔이다. 사람들은 골든게이트 브리지에 대한 기대처럼 샌프란시스코에 대한 환상이 크다. 하지만 샌프란시스코는 환경과 주거 문제로 골머리를 앓고 있는 평범한 미국의 대도시일 뿐이다.

골든게이트 브리지 인근에 골든게이트 공원이 있다. 뉴욕의 센트럴파크와 워싱턴 D.C.의 링컨 기념관 다음으로 많은 사람들이 찾는 공원이다. 그 공원을 덮고 있는 수많은 노숙자 천막들이 미국 자본주의의 어둠을 대변하고 있다.

24

로스앤젤레스

자그마한 '천사의 도시'에서
미국 제2의 도시로

지역 : 캘리포니아주
인구 : 3,973,000명(2020년 현재)

인디언, 스페인, 멕시코의 작은 마을

로스앤젤레스 지역에 거주했던 원주민은 통바^{Thongva} 부족이었다. 이들은 적어도 5,000년 전부터 로스앤젤레스강 서쪽과 국도 101번 도로 아래에 위치한 현재 로스앤젤레스의 다운타운에 해당하는 지역에 살고 있었다.

스페인 미션이 설립될 당시 5,000명 정도의 통바 부족이 살고 있었다.

스페인의 해양 탐험가 카브리요^{Juan Rodríguez Cabrillo}는 1542년 남부 캘리포니아 지역을 스페인 제국의 영토라고 주장했다. 1769년에 스페인이 공식적으로 캘리포니아 원정대를 파견했다. 포톨라가 이끄는 군대와 프란체스코 선교사 후안 크레스피^{Juan Crespí}는 중남미의 뉴스페인 식민지에서 태평양 연안을 따라 북쪽으

우표에 그려진 카브리요

로 이동하는 원정길에 올랐고, 1769년 8월 2일 현재의 로스앤젤레스에 도착했다.

네베의 동상

1771년에 프란체스코 수도사 세라Junipero Serra는 이 지역의 첫 번째 선교부인 산 가브리엘 아르크앤젤San Gabriel Arcángel의 건설을 지시했다. 1781년 네베Felipe de Neve는 로스 포블라도레스Los Pobladores로 알려진 44명의 정착민 그룹과 함께 지금의 로스앤젤레스를 건설했다. 그들은 도시의 이름을 '천사의 여왕의 도시El Pueblo de Nuestra Señora la Reina de los Angeles'라고 불렀다.

상당수의 스페인 및 멕시칸 정착민들은 인디언과 결혼했다. 정착민의 3분의 2는 메스티소 또는 물라토였다. 그 밖에도 아프리카, 토착 및 유럽 가계가 혼합되어 있었으며, 정착촌은 수십 년 동안 작은 목장 마을로 남아 있었다. 1800년 로스앤젤레스의 인구는 315명이었다. 현재의 푸에블로 플라자와 올베라 스트리트는 로스앤젤레스에서 가장 오래된 지역이다. 1836년 멕시코 정부가 시행한 최초의 로스앤젤레스 인

구조사에 의하면 인구는 2,230명이었다. 그중 555명이 인디언이었고 50명이 외국인이었다. 외국인 중에서 미국인이 29명으로 가장 많았고, 다음으로는 영국인 4명, 포르투갈인 3명, 흑인 2명이었다.

스페인 남자와 인디언 여자 사이에서 태어난 메스티소 아이의 모습

미국인 개척자들과 멕시코 전쟁, 그리고 골드러시

미국인으로서 최초로 로스앤젤레스 지역을 방문한 사람은 윌리엄 셰일러Willaim Shaler였다. 1805년 그는 자신의 무역선 렐리아 버드Lelia Byrd를 타고 캘리포니아 해안을 탐사했다. 그는 렐리아 버드를 수선하기 위해 정박했던 산타 카탈리나 섬을 포트 루시용Port Roussillon이라고 불렀는데 이는 최초로 영어를 사용한 지명이다. 셰일러의 캘리포니아 여행기는 동부의 미

**사막을 건너는
제더다이어 스미스 일행을
묘사한 그림**

국인들에게 많은 관심을 불러일으켰고, 다른 미국인들이 캘리포니아로 오게 만든 계기가 되었다.

내륙 지역을 통해서 로스앤젤레스에 도착한 최초의 미국인은 제더다이어 스미스^Jedediah S. Smith와 그가 이끈 무역 상인들이었다. 1826년 스미스 일행은 유타의 솔트레이크밸리에서 엘 푸에블로에 도착했다. 그들은 모하비사막과 시에라네바다와 그레이트베이슨사막 지역을 여행한 최초의 미국인이었다. 그는 다음 해에 로스앤젤레스에서부터 북쪽 오리건 영토까지 탐사를 계속했다. 그가 남긴 탐사 및 여행 기록은 훗날 미국인들의 서부 이주에 중요한 자료가 되었다.

1846년 멕시코와 전쟁이 발발하자 미 해군 제독 로버트 스톡턴이 8월 6일 산페드로에 상륙하였고 일주일 뒤 로스앤젤레스를 점령했다. 하지만 미군의 불손한 태도에 불만을 품은 지역민들이 점령군을 공격했고 미군은 후퇴했다. 다음 해 1월에 스톡턴 부대는 존 커니와 존 프레몬트

부대와의 협공을 통해 다시 로스앤젤레스를 점령했다.

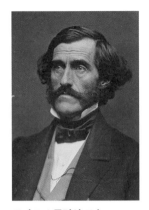

로버트 스톡턴의 모습

캘리포니아의 골드러시는 로스앤젤레스의 발전에도 결정적인 역할을 했다. 샌프란시스코와는 달리 로스앤젤레스는 금광과는 직접적인 관계가 없었지만 골드러시 호황의 주요 수혜 지역이 되었다. 당시 캘리포니아 지역에서 소 목축이 가장 성행했던 로스앤젤레스는 북부의 굶주린 광부들에게 쇠고기와 기타 식료품을 공급하는 역할로 경제적 호황을 누렸다.

골드러시로 로스앤젤레스는 경제적으로 호황기를 맞게 되었지만, 치안 부재로 인하여 혼란스러웠다. 동부에서 건너온 여러 부류의 사람들과 샌프란시스코와 북부의 광산 마을에서 쫓겨난 도박꾼, 무법자, 매춘부들이 로스앤젤레스 거리를 채우면서 도시는 '서부에서 가장 거친 무법 도시'로 알려지게 되었다. 특히 멕시코인에 대한 린치는 심각한 수준이 되었다. 1850년과 1870년 사이에 폭도들은 약 서른다섯 번의 멕시코인 린치를 가했는데, 이는 샌프란시스코에서 발생한 수의 네 배가 넘는 수치였다. 1847년에서 1870년 사이에는 10만 명당 평균 158명(연간 13명)의 살인이 발생했다. 이는 뉴욕의 연간 살인율의 열 배에서 스무 배에 해당한다. 로스앤젤레스는 서부뿐만 아니라 전국적으로도 치안이 불안한 대표적인 도시로 오명을 얻게 되었다.

할리우드의 도시

1886년 캔자스에서 이주한 하비 윌콕스 부부는 18개월 된 아이를 잃은 슬픔에 휩싸였다. 그들은 아이가 죽으면 주변 땅을 둘러보고 가장 좋은 곳을 매입하는 가족 전통에 따라 작은 마차를 타고 로스앤젤레스 서부 계곡을 둘러보았다. 그리고 그들이 가장 아름답다고 생각하는 지역을 에이 커당 150달러를 주고 매입했다. 그 땅이 바로 지

하비 윌콕스의 모습

금의 할리우드이다. 부인 데이다$^{Daeida\ Wilcox\ Beveridge}$는 땅의 이름을 할리우드라고 지었다. 그녀는 할리^{Holly}라는 용어가 글자 그대로 축복을 줄 거라는 미신적인 믿음 때문에 그렇게 이름을 지었던 것이다. 윌콕스 부부는 '할리우드의 어머니와 아버지'로 알려지게 되었다.

데이다의 믿음은 얼마 후에 현실이 되었다. 1894년 로스앤젤레스에서 귀금속 가게를 운영하던 휘틀리$^{H.\ J.\ Whitley}$가 할리우드 지역을 개발할 계획을 세웠다. 윌콕스 부부는 흔쾌히 그들이 소유한 할리우드 땅을 헌납했다.

1910년 할리우드가 로스앤젤레스에 합병되면서 주민들은 식수와 하수도 문제를 해결할 수 있었다. 이는 새로운 이주민들이 할리우드에 쉽게 정착할 수 있는 좋은 환경을 제공했다. 그해에 영화 〈인 올드 캘리포니아$^{In\ Old\ California}$〉가 할리우드에서 최초로 제작되었다. 다음 해 할리우드

**어린아이들과 어울리고 있는
해리 챈들러**

에 최초의 영화 제작소가 설립
되면서 동부의 영화사들이 할
리우드로 몰리게 되었다. 동부
의 높은 땅값과 정치적 연계
의 불확실성으로 어려움을 겪
던 영화사들이 할리우드로 옮
기기 시작했고, 순식간에 이
들 산업의 80퍼센트 이상이
할리우드에 몰렸다. 이 중 5개
의 영화 스튜디오가 할리우드
의 영화를 주도했는데, 이들
이 엠지엠^MGM, 파라마운트픽
처스^Paramount Pictures, 워너브라더
스^Warner Brothers, 20세기폭스^20th

Century Fox, 알케이오^RKO였다. 《로스앤젤레스 타임스》 소유자이자 토지 개
발자였던 해리 챈들러가 1923년 부동산 홍보용으로 할리우드라는 거대
간판을 내걸었다. 1년 반 정도만 세워 놓고자 했는데 할리우드 주민들이
간판이 맘에 들어 그대로 놔두도록 했다. 이후 할리우드 간판은 몇 번의
보강 공사를 거쳐서 지금까지 미국과 전 세계에 할리우드를 상징하는
대표적인 간판이 되었다.

**할리우드 간판의
모습**

인종 폭동의 아픔과 잠재적 두려움

제2차세계대전 동안 로스앤젤레스에 흑인들의 수가 급속히 늘어났다. 프랭클린 루스벨트 대통령의 행정명령 8802가 결정적인 계기였다. 군수 업체의 고용 및 승진에서 인종차별을 법적으로 금지하는 이 법으로 말 미암아 로스앤젤레스로 이주하는 흑인들의 수가 폭발적으로 늘어났던 것이다. 1940년에 약 6만 3,700명이었던 흑인 인구가 1965년에는 35만 명으로 증가했다. 도시 인구의 14퍼센트에 해당하는 인구였다.

하지만 거주 차별 및 제한 등으로 흑인들의 삶은 백인들에 비해 열악 했다. 흑인들은 끊임없이 시정을 요구했지만 받아들여지지 않았다. 흑인 들의 불만은 고조되었다. 그러다 1965년 8월 11일에 발생한 경찰의 과 잉 진압이 거대한 폭동으로 비화되었다. 이것이 1965년 와츠^{Watts} 폭동이

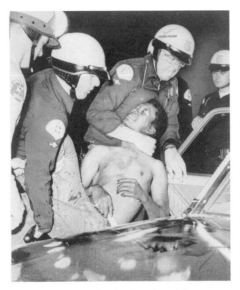

와츠 폭동 당시 흑인을 체포하고 있는 경찰

다. 경찰이 흑인 청년 마켓 프라이^{Marquette Frye}를 음주 운전 혐의로 체포하는 과정에서 일어난 일이 소문으로 퍼져 가면서 와츠를 비롯한 흑인들 거주 지역에서 6일간 폭동이 발생했다. 1만 4,000명의 캘리포니아 주 방위군의 투입으로 간신히 무마된 이 폭동으로 34명이 사망했고 4,000만 달러 이상의 재산 피해가 발생했다.

1992년에 로스앤젤레스에서는 다시금 와츠 폭동과 유사한 폭동이 재현되었다. 4월 29일 흑인 청년 로드니 킹에 대한 과잉 진압으로 기소된 4명의 경찰관이 무죄 판결을 받자 로스앤젤레스의 중남부 지역에서 폭동이 발발했다. 소요는 6일간 계속되었고, 결국 캘리포니아 주 방위군뿐만 아니라 미 연방군과 다른 연방 경찰력 등 5,000명의 병력이 투입되었다. 한국인 상가들도 폭도들의 대상이 되면서 로스앤젤레스 및 인근 도시의 한인 타운들을 긴장시켰다. 이 폭동으로 63명이 사망했고 약 2,400명이 부상당했으며 재산 피해는 10억 달러를 초과했다.

현재 로스앤젤레스의 흑인 인구는 전체 인구의 6.4퍼센트로 16퍼센트가 넘는 뉴욕에 비해서 큰 비중은 아니다. 흑백 인종 분리도 전국에서 24위로 높은 수치가 아니다. 하지만 여전히 와츠 지역을 비롯한 흑인 지역은 로스앤젤레스에서 가장 위험한 지역으로 분류되고 있다. 와츠와 로드니 킹 폭동의 아픔은 여전히 로스앤젤레스의 아픔이자 잠재적 두려움으로 남아 있다.

로드니 킹(오른쪽)의 모습

미국 제2의 도시로서 로스앤젤레스 사람들은 자신들을 앤젤리노스 Angelinos라고 부른다. 그런데 앤젤리노스는 상대적으로 제1의 도시 뉴욕의 뉴요커와 같은 명확한 정체성이 없다. 미국 제1 도시와 제2의 도시는 상당 부분 유사하다. 뉴욕의 문제가 로스앤젤레스의 문제이다. 하지만 기후에서 가장 큰 차이가 난다. 사계절이 뚜렷한 뉴욕에 비해 로스앤젤레스는 건기의 여름과 약간의 비가 내리는 겨울의 우기로 나뉜다. 따뜻한 지중해성 기후는 많은 미국인들의 로망이다. 하지만 최근에는 여름과 가을이 이전보다 훨씬 더워지고 있고, 11월에 시작해서 3월에 끝나는 우기도 훨씬 짧아졌다. 주기적으로 발생하는 로스앤젤레스 산악 지대의 대형 화재는 앤젤리노스와 주변 주민들을 불안하게 한다. 향후 로스

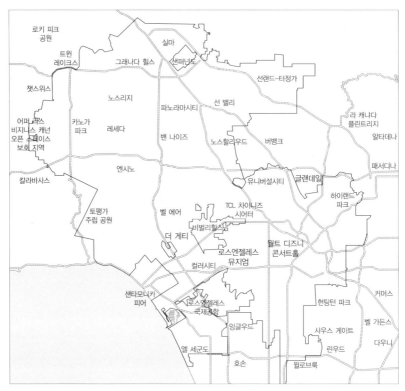

로스앤젤레스의 지도

앤젤레스가 어떤 모습으로 변할지 궁금하다. 더 궁금한 것은 과연 앤젤리노스가 어떤 정체성으로 미국인과 세계인들에게 부각될지이다.

25

샌디에이고

호턴의 믿음이 현실로 된
아름답고 안전한 휴양 도시

지역 : 캘리포니아주
인구 : 1,415,000명 (2020년 현재)

SAN DIEGO

스페인 신부들의 마을로 시작한
캘리포니아 최초의 정착촌

8,000여 년 전부터 산데이기이토^{San Deiguito}와 라호야^{La Jolla} 부족이 지금의 샌디에이고 지역에 살았다. 유럽인들과 최초로 마주하게 된 샌디에이고 원주민은 쿠메야이^{Kumeyaay} 부족으로 서기 1,000년경에 샌디에이고 지

쿠메야이 부족의 모습을 담은 그림

쿠메야이 부족의 유물 ⓒSlowking

역으로 이주한 것으로 추정된다. 이들은 '마른 땅'이라는 뜻의 코사아이 Kosa'aay 마을(훗날 스페인 지배 시기에 Cosoy라 부름)을 포함하여 지금의 올드 타운을 중심으로 생활했다.

샌디에이고를 방문한 최초의 유럽인은 탐험가 후안 카브리요였다. 그는 1542년 9월 28일 샌디에이고만을 발견하고 그곳을 산미겔 San Miguel 이라고 명명했다. 현재 샌디에이고의 포인트 로마에는 카브리요의 방문을 기념하는 카브리요 국립 기념탑이 세워져 있다.

1602년 11월, 비스카이노 Sebastián Vizcaíno 는 스페인 식민지였던 필리핀의 마닐라에서 멕시코의 아카풀코로 돌아오는 스페인 함대의 기착지를 위해서 캘리포니아 해안 탐사를 시작했다. 비스카이노는 세 척을 이끌고 탐사에 나섰는데 기함의 이름이 샌디에이고였다. '샌디에이고 데 알칼라'로 더 잘 알려진 가톨릭 성자 디다쿠스의 이름을 따서 샌디에이고라고 이름을 지은 것이다. 디다쿠스는 디에고 Diego 라고도 불리는데, 샌디에이고는 성인 디에고를 기리는 이름이다.

이 기함에 탑승했던 안토니오 데 라 아센시온 Antonio de la Ascensión 수사가 그들이 최초로 도착한 곳을 샌디에이고라고 명명했다. 스페인의 캘리포니아 미션의 출발점이 된 순간이었다. 현재 샌디에이고 프로야구팀명이 '파드레스 Padres'인데 이는 가톨릭 신부들이라는 뜻이다.

비스카이노의 모습

스페인에서 멕시코의 땅으로, 그리고 쿠메야이의 비극

샌디에이고 미션 이후 60여 년 후에 스페인은 샌디에이고와 캘리포니아에 대한 본격적인 식민지화를 시작했다. 1769년에 뉴스페인과 바하칼리포르니아반도에서 스페인 파견대가 도착했다. 이들은 빈센트 비야, 산카를로스, 미겔 코스탄쇼, 페드로 파헤스, 후안 페레즈 등을 포함했다. 남쪽에서 샌디에이고로의 최초의 육로 탐험은 군인 페르난도 리베라가 이끌었고 프란체스코회 선교사, 탐험가, 연대기 작가 후안 크레스피가 포함되어 있었다. 그 뒤를 이어 지명 총독 가스파르 데 포톨라가 이끄는 두 번째 무리가 뒤따랐다.

처음에는 스페인 정착민들과 쿠메야이 부족의 관계가 나쁘지 않았다. 쿠메야이 부족은 스페인 정착민들에게 야생 토끼와 생선 등을 가져왔고, 스페인 사람들은 구슬 장식품 등으로 답례했다. 하지만 스페인 수도사들이 선교부^{Mission San Diego de Alcalá}를 세우고 그들을 개종하려는 시도를 하면서 마찰이 빈번해졌다. 1777년 쿠메야이의 공격으로 샌디에이고 미션은 완전히 불에 타 버렸고 신부는 살해되었다.

1821년에 멕시코가 스페인으로부터 독립하자 쿠메야이 부족은 더욱 호전적이 되었다. 멕시코 정부는 프리시디오힐의 요새를 버리고 언덕 아래 평지에 샌디에이고타운을 만들었고, 선교부를 세속화하면서 그 땅 대부분을 전직 군인들에게 줬다. 이런 과정에서 삶의 터전을 위협받게 된 쿠메야이 부족은 멕시코 정착촌을 공격했다. 1830년대와 1840년대에 샌디에이고에 있던 수많은 목장들이 쿠메야이로부터 습격을 당했다. 이러한 불안 등으로 1838년에 도시의 크기가 줄어들었다. 물론 쿠메야이의 타격도 컸다. 1769년에 3만 명 규모였던 쿠메야이는 1846년 멕시코 통치가 끝날 때까지 2만 명 이하로 줄어들었다. 그리고 이후 미국인들이 들어오면서 더욱 줄어들어서 1890년에는 900명 미만이 되었다.

호턴의 뉴타운

1846년, 멕시코와 전쟁이 시작되면서 미국은 샌디에이고를 포함한 알타 캘리포니아를 점령했다. 1848년 과달루페 이달고 조약에 따라 샌디에이고를 포함한 캘리포니아는 미국에 양도되었다. 멕시코 협상가들은 샌디에이고를 멕시코의 일부로 유지하려고 했지만 미국은 그 요구를 받아들이지 않았다. 미국은 샌디에이고가 '샌프란시스코와 거의 동등한 중요성을 지닌 모든 상업적 목적'을 충족하기에 중요하다고 보고 샌디에이고를 멕시코-미국 국경으로 확정했다.

1848년에 시작된 캘리포니아의 골드러시는 샌디에이고에 별다른 영향을 주지 못했다. 하지만 골드러시는 샌디에이고 역사에서 중요한 인물을 불러들였다. 그가 알론조 호턴Alonzo Horton이다. 그는 골드러시의 행운을 좇아 샌프란시스코에 정착했지만, 어느 순간 캘리포니아 미국 영토

1846년 미국과 멕시코 간의 전쟁을 묘사한 그림

최남단에 있는 작은 도시 샌디에이고에 매혹되었다. 그는 샌디에이고 만과 지금의 올드타운인 옛 스페인 요새 사이에 위치한 곳이 지리적으 로나 날씨 등 사람들이 살기에 최적의 땅이라고 믿었다. 1867년, 호턴 은 샌프란시스코의 재산을 정리하고 샌디 에이고로 이주했다. 그리고 샌디에이고 베 이사이드 지역의 100만 평이 넘는 땅을 매 입했고 그 땅을 '뉴타운New Town'이라고 했다. 이후 샌디에이고는 이전의 올드타운 중심 의 도시에서 '뉴타운' 위주로 발전하기 시 작했다.

알론조 호턴의 모습

태평양 연안 최대의 군사도시

샌디에이고가 오늘날의 대형 도시로 성장할 수 있었던 계기는 천혜의 군사적 위치에 따른 해군 시설의 확장이었다. 1901년 포인트 로마에 해군 석탄 기지가 설립되면서 미 해군의 핵심 태평양 주둔지가 되었다. 1930년까지 해군기지, 해군 훈련 센터, 해군 병원, 캠프 매튜스, 캠프 커니(현재 해병대 공군기지 미라마)가 들어서면서 샌디에이고는 태평양 연안에서 가장 중요한 미 해군기지 도시가 되었다.

　샌디에이고는 항공으로도 중요한 도시가 되었다. 제1차세계대전 초기에 샌디에이고는 스스로를 '서부의 항공 수도'라고 선언했다. 1925년에 설립된 라이언 에어라인Ryan Airlines(훗날의 Ryan Aeronautical) 및 1923년에 설립된 컨솔리데이티드 에어크래프트Consolidated Aircraft(훗날의 Convair)와 같은 중요한 비행기 개발자 및 제조업체의 본거지가 되었다. 1927년 찰스 린드버그Charles A. Lindbergh의 '세인트루이스의 정신Spirit of St. Louis'이 라이언 에어라인에 의해 샌디에이고에서 제작되었다. 그해 5월 린드버그는 '세인트루이스의 정신'을 몰고 뉴욕에서 파리로 가는 최초의 대서양 횡단 논스톱 비행에 성공했다. 세계 항공사에 이정표적인 사건이었다. 그래서 샌디에이고 국제공항의 옛 이름은 린드버그 비행장이었다.

찰스 린드버그의 모습

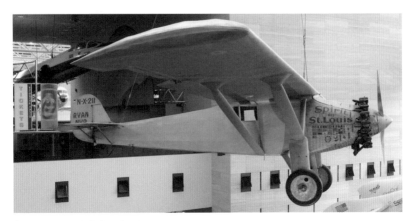

'세인트루이스의 정신' 호의 모습 ⓒAd Meskens, zie ook﹕vliegtuigen

제2차세계대전으로 말미암아 샌디에이고는 더욱 중요한 군사도시가 되었다. 도시의 인구도 전쟁 기간과 그 이후에 급격히 증가했다. 1930년 14만 8,000명에서 1950년 33만 4,000명으로 두 배 이상 증가했다. 전쟁 막바지에 샌디에이고는 일본군의 생물학전 공격의 주요 목표였다. 일본은 전쟁 막바지에 '야간 벚꽃 작전'이라고 불리는 특수 작전에 돌입했다. 페스트균에 감염된 벼룩으로 가득 채운 다섯 대의 신형 잠수함과 열다섯 대의 수륙 양용 비행기를 샌디에이고를 포함한 민간 인구 중심지에 침투시킬 계획을 세웠다. 만주 주둔 일본군의 악명 높은 731 생물학전 부대는 이미 실험을 마쳤고, 중국에 투하해서 50만 명 이상의 민간인 사망자를 낸 것으로 추정된다. 하지만 1945년 9월 22일에 시작될 예정이었던 '야간 벚꽃 작전'은 실행되지 못했다. 원자폭탄을 맞은 일본이 5주 전에 항복했기 때문이다.

**원자폭탄이 투하된
나가사키의 버섯구름**

관광과 은퇴의 도시

제2차세계대전 이후에도 군대는 계속해서 지역 경제에서 중요한 역할을 했지만 냉전 이후의 감축은 지역 방위산업과 항공우주산업에 큰 타격을 입혔다. 결과적으로 경기 침체가 오자 샌디에이고 지도자들은 관광은 물론 연구와 과학에 중점을 두어 도시 경제를 다각화하려고 했다. 이러한 노력의 결과로 샌디에이고는 떠오르는 생명공학 산업의 중심지가 되었으며 통신 대기업 퀄컴^{Qualcomm}의 본거지가 되었다.

샌디에이고는 또한 동물원, 씨월드, 레고랜드 등 관광 명소의 인기와

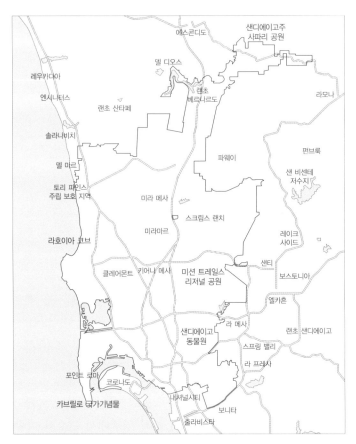

샌디에이고의 지도

함께 관광산업에서도 성장했다. 다운타운 샌디에이고에서는 1980년대 초반부터 호턴 플라자 개장, 가스램프 쿼터 복원, 컨벤션 센터 건설을 포함하여 일부 도시 재생이 성공적으로 이뤄졌고, 샌디에이고 야구팀 구장인 펫코파크는 2004년에 개장되었다.

천혜의 자연과 기후, 안정된 치안, 해군기지와 방위산업, 생명공학 산업, 수많은 관광 인프라 등으로 말미암아 샌디에이고는 대형 도시 중에서 미국인들이 가장 선호하는 은퇴지가 되었다. 샌디에이고는 미국에서 여덟 번째로 큰 도시이다. 그렇지만 거의 모든 미국의 대형 도시들이 겪고 있는 도심의 문제들을 심하게 겪고 있지 않다. 인구 200만 명 이상의 도시들 중에서 범죄율이 가장 낮다. 샌디에이고는 밤에 돌아다녀도 비교적 안전한 도시이다. 이는 매우 이례적인 현상이다.

최근에 샌디에이고에서 인종 관련 혐오 범죄가 늘어나고 있다. 2022년 통계에 의하면 범죄 대상의 83퍼센트가 인종이다. 여기에 그동안 거의 찾아보기 힘들었던 반아시아 혐오 범죄도 12퍼센트로 치솟았다. 이는 처음 코로나19 발생지로 주목받았던 중국 때문이다.

샌디에이고는 미국 내 대도시 중에서 가장 안전한 도시로 계속 남아 있을까? 샌디에이고가 예외적인 도시로 다른 미국 도시들의 모델로 남을 것인지, 샌디에이고 역시 다른 도시들의 전례를 따라가고 말 것인지, 이것이 풀어야 하는 과제이다.

26

라스베이거스

황무지의 '스페인 행로'에 들어선
세계 최대의 환락 도시

지역 : 네바다주
인구 : 644,600명(2020년 현재)

리베라와 프리몬트, 그리고 브리검 영의 개척지

라스베이거스 인근에 남겨진 암각화로 추정하건대 1만 년 전부터 유목
민 원주민들이 라스베이거스 지역에 정착했던 것으로 보인다. 2,000년
전에는 투디뉴족이 콜로라도강 남부 계곡과 네바다, 캘리포니아, 유타의

라스베이거스 주변의 암각화 ⓒNiceley

모하비사막의 산과 협곡에서 생활했다. 투디뉴의 의미는 '사막에 사는 사람들'로서 라스베이거스 지역에 거주했던 주요 부족인 파이우트들의 조상이다.

라스베이거스 계곡에 처음 발을 디딘 최초의 비원주민은 멕시코인 라파엘 리베라였다. 그는 1829년 스페인 탐험대의 일원으로서, '스페인 행로'를 따라 라스베이거스 북동쪽으로 약 160킬로미터 떨어진 곳에 도착한 후 물을 찾기 위해 서쪽으로 떠났다. 그런데 경험이 부족했던 리베라는 본대로부터 너무 떨어졌고, 본의 아니게 미지의 영역으로 모험을 떠나게 되었다. 2주 후에 라스베이거스 스프링스를 발견했다. 그는 그곳을 라스베이거스라 명명했다. '목초지'라는 뜻이다. 스프링스 인근의 비옥한 땅에 자라는 야생 목초들을 보고 지은 이름이었다. 지금도 라스베이거스 일대에는 리베라를 기리는 수많은 길, 공원, 건물들이 있다.

약 14년 후, '위대한 개척자'로 명성을 떨치게 된 존 C. 프리몬트가 원정대를 이끌고 1844년 5월 13일 라스베이거스 스프링스에 도착했다. 그는 그곳이 온천욕에 적합하다고 기록했고, 워싱턴 D.C.에 돌아가서 라스베이거스를 그의 탐험 지도에 등재했다. 라스베이거스가 최초로 다른 미국인들에게 알려지는 순간이었다.

1855년 브리검 영의 지시에 따라 솔트레이크시티의 모르몬교도들이 라스베이거스

존 C. 프리몬트의 모습

브리검 영의 모습

에 요새를 구축했다. 솔트레이크시티와 로스앤젤레스의 중간 기착지로 활용하기 위함이었다. 하지만 그들은 요새에 오래 머물지 못했다. 농사짓는 데 실패했고, 지도자들 사이의 내분으로 그곳을 떠났다. 요새는 방치되었지만, 라스베이거스 불러바드와 워싱턴 애비뉴 사이 교차로에서 그 요새의 흔적을 볼 수 있다. 지금도 라스베이거스에는 10만 명 이상의 모르몬교도들이 살고 있으며, 이는 전체 인구의 12퍼센트에 해당한다.

후버댐과 헬도라도 퀸 축제

1931년은 라스베이거스 발전에 기폭제가 된 역사적인 해였다. 네바다주가 도박을 합법화했고, 이혼 필요조건으로서 거주하는 기간을 6주로 단축시킨 것이었다. 게다가 그해에 후버댐 건설이 시작되었다. 건설 노동자들이 늘어나면서 라스베이거스 인구는 순식간에 5,000명 정도에서 2만 5,000명으로 불어났다. 상당수 노동자들이 가족이 없는 남자들이어서 대규모 유흥 시설이 필요했다. 라스베이거스 사업가들과 마피아 큰손들은 카지노와 쇼걸 극장을 운영하면서 노동자들을 유혹하기 시작했다.

**1941년
후버댐의 모습**

후버댐 노동자들뿐만 아니라 서부 사람들 사이에서 라스베이거스는 남자들의 환락가로 유명세를 타기 시작했다.

1935년에 후버댐이 완성되자 라스베이거스 시 관계자들은 긴장할 수밖에 없었다. 라스베이거스 수입의 근간이었던 후버댐 노동자들이 떠나게 되면 도시의 경제가 위축될 것이기 때문이었다. 그래서 시작된 것이 헬도라도 퀸Helldorado Queen 축제였다. 1934년에 시작된 이 축제는 로데오와 카우보이의 옛 서부 시대의 향수를 자극하는 축제가 되었다. 원래는 후버댐 공사를 하는 인부들에게 즐거움을 선사하려는 의도로 시작된 것으로, 후버댐이 완공된 후에 그들이 라스베이거스에 남기를 원하거나 적어도 다시 그곳을 찾게 만들려고 했던 것이다. 축제 기간인 5월 내내 수많은 행사들이 벌어졌는데 그중에서 헬도라도 거리 행렬이 가장 인기가 많았다.

로데오는 플라자 호텔 카지노의 광장에서 거행되었는데 로데오 카우보이 협회가 주도했다. 원래 로데오와 거리 행렬 등은 축제의 일부가 아니었는데 점차 축제의 가장 중요하고 인기 있는 행사가 되었다. 이러한 축제로 말미암아 후버댐 완공 이후에도 라스베이거스는 여전히 도박과 축제 등 환락의 도시라는 이미지를 이어 가게 되었다.

호텔−카지노와 '원자폭탄'의 도시

후버댐 성수기는 지났지만, 제2차세계대전을 겪으면서 라스베이거스는 계속 성황을 이루었다. 1941년 후반에 라스베이거스에 육군 공항이 완공되었다. 1만 1,000명의 장교들과 약 5,000명의 조종사 훈련생들이 라스베이거스에 머물렀다. 1950년 이곳은 넬리스 공군기지로 이름이 바뀌었다. 제2차세계대전 중에 60차례의 주요 공중전에 참전했던 윌리엄 넬리스 중위를 기념하기 위함이었다.

전쟁이 끝나자 라스베이거스에는 화려하게 꾸민 호텔들이 들어섰다. 도박 카지노의 성행으로 라스베이거스는 유흥과 환락의 도시로 자리 잡게 되었다. 1954년 한 해에 무려 800만 명이 라스베이거스를 방문했다. 도시 인구도 1950년대에 4만 5,000명으로 늘어났다. 프랭크 시나트라, 딘 마틴, 앤디 윌리엄스, 빙 크로스비와 같은 유명 가수들과 연예인들이

벅시 시걸의 모습　플라밍고 호텔의 모습

공연을 하면서 라스베이거스는 단순히 도박의 메카가 아니라 공연의 메카로도 인기를 누리게 되었다. 1957에는 '밍스키의 폴리스'라는 최초의 토플리스 쇼가 공연되기 시작했다.

특히 전후 라스베이거스의 성장에는 마피아의 역할이 컸다. 유대계 마피아 큰손이었던 '벅시' 시걸이 1946년에 건립한 플라밍고 호텔이 그 대표적인 것으로서, 1950년 이전에 건립된 호텔 중에서 아직까지 영업하고 있는 유일한 호텔이다.

1951년부터 라스베이거스는 원자폭탄 실험 장소로 유명하게 되었다. 원자폭탄 관련 실험은 라스베이거스에서 북서쪽으로 105킬로미터 떨어진 곳에서 진행되었는데, 폭탄이 투하된 후 피어오르는 버섯 모양의 구름을 라스베이거스에서 쉽게 볼 수 있었다. 1963년부터 실험이 지하로 들어가서 더 이상 버섯구름을 볼 수 없게 되었지만, 라스베이거스는 한

동안 '원자폭탄의 도시'라는 별칭을 갖게 되었다. 이것은 불명예스러운 별칭이 아니었다. 라스베이거스 지도자들은 이전의 후버댐 건설을 통해 라스베이거스를 홍보했듯이, 원자폭탄 실험을 관광 홍보의 기회로 생각하고 '원자폭탄의 도시'라는 별칭을 지은 것이다. 실제로 실험을 보기 위해서 수많은 언론인, 사진작가, 여행객들이 라스베이거스를 찾았다.

하워드 휴스가 만든
세계 최대의 도박과 쇼의 도시

1966년 추수감사절 휴일에 괴짜 억만장자 하워드 휴스가 라스베이거스의 '데저트 인'에 묵으면서 라스베이거스는 새로운 전환점을 맞게 되었다. '데저트 인'은 1950년에 문을 연 호텔로서 당시까지 라스베이거스에

하워드 휴스의 모습

서 가장 큰 9층짜리 호텔이었다. 그런데 휴스는 한 달 내내 방에서 나오지 않았다. 그러자 주인이 강제로 쫓아내겠다고 으름장을 놓았고 휴스는 호텔을 사 버렸다. 그리고 계속 그곳에 머물렀다. 그는 이후 무려 4년 동안 호텔 방에서 나오지 않았다. 그동안 그는 매니저들을 통해서 주변 호텔과 카지노를 사들였다. 그 매니저 집단은 모두 모르몬

스티브 윈의 모습

교도들이었다. 이들은 휴즈의 '모르몬 마피아'로 불렸다. 휴즈 자신은 모르몬교도가 아니었지만, 그들이 술, 담배, 도박을 하지 않았기 때문에 그들을 고용했던 것이다.

2000년에 부동산 업자인 스티브 윈^{Steve} ^{Wynn}이 '데저트 인'을 매입했다. 이때도 모르몬 마피아가 개입했다. 2004년 윈은 유서 깊은 그 호텔을 무너뜨리고 그 자리에 새로운 호텔 카지노를 건축했다. 그것이 지금의 윈-앙코르 호텔이다. 윈은 미라지, 벨라지오, 트레저 아일랜드 등 라스베이거스의 유명 호텔 카지노를 사들이거나 새로운 호텔 카지노를 건설했다.

윈-앙코르 호텔의 모습 ⓒMikerussell

카지노의 80퍼센트가 몰려 있는 라스베이거스 스트립 거리는 수많은 네온사인들로 말미암아 '빛나는 협곡'이란 애칭으로 불린다. 1995년 파라마운트 픽처스 영화사가 영화 〈스타트랙〉의 흥행으로 그곳에 실제 크기의 스타십 엔터프라이즈를 건설하려는 계획을 세웠는데, 그것이 실패로 돌아갔다. 그러자 프리몬트 거리의 호텔 카지노 사업가들이 힘을 합쳐 그 계획을 성사시켰다. 그것이 지금의 FSE이다. '프리몬트 거리에서 실행된 경험'의 거리라는 뜻이다. 5개의 거리가 반월형 천장으로 이어진 대규모 실내 거리가 조성된 것이다. 높이 27미터, 길이 419미터의 반월형 천장으로 덮이고 1,250개의 LED 조명과 55만 와트의 음향이 자정까지 울리는 이 거대한 실내 거리는 라스베이거스의 대표적인 명소가 되

FSE의 모습 ⓒJean-Christophe BENOIST

극서부

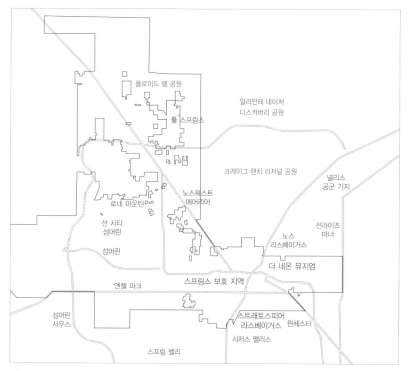

라스베이거스의 지도

었다. 지금도 이곳에선 시민들과 관광객들이 유명 가수들의 공연 모습을 공짜로 볼 수 있다.

라스베이거스는 미국 최고의 휴가지가 되었다. 주변의 그랜드캐니언이나 옐로스톤 국립공원보다 더 많은 관광객이 찾는다. 2008년에 발표된 흥미로운 통계에 의하면, 매년 약 1,100명의 라스베이거스 방문객이 사망하는데 그중 15퍼센트는 스스로 목숨을 끊는다고 한다. 이미 라스베이거스 도시 자체도 '미국의 자살 수도'라는 불명예를 안고 있는데, 이는 외부 방문객의 자살률까지 더해진 것이다. 라스베이거스는 오랫동안 '죄악의 도시'로 알려졌다. 도박과 술, 마약 등 각종 성인 유흥 때문에 붙여진 별명이다. 스트립 거리의 휘황찬란한 네온사인 뒤에 숨겨진 라스베이거스의 어둠이 미국 자본주의의 명암을 가장 극명하게 보여 주고 있다.

제6부
기타 지역

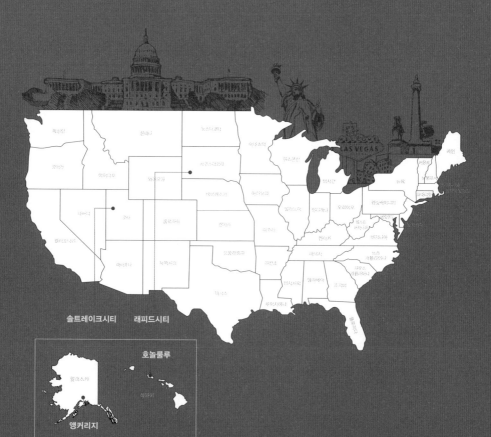

솔트레이크시티　래피드시티

호놀룰루

알래스카

앵커리지

27

래피드시티

서부 팽창이 낳은
인디언의 아픔이 새겨진 도시

지역 : 사우스다코타주
인구 : 76,540명(2020년 현재)

'미친 말'과 커스터의 전설적인 대결, 리틀 빅혼 전투

1874년, 사우스다코타의 검은 언덕^{Black Hills}에서 금이 발견됐다. 서부 개척 시대에 금이란 황무지를 순식간에 노다지로 바꿔 버리는 마력을 지녔다. 검은 언덕도 마찬가지였다. 언덕의 입구에 위치한 래피드시티는 전국에서 몰려든 야심가들로 붐비기 시작했다.

사우스다코타에서 와이오밍 경계선까지 펼쳐 있는 검은 언덕은 수족 계통인 라코타 부족의 오랜 생활 근거지였다. 미국 정부도 1868년 그 땅을 '파인 리지 인디언 보호 구역'으로 지정해서 백인들의 침탈로부터 보호하겠다고 약속했다. 그런데 금이 발견되면서 모든 것이 바뀌고 말았다. 인디언들이 멀리서 바라보면 소나무가 짙게 덮고 있는 언덕이 검은 색으로 보여서 검은 언덕이라고 했는데, 그 언덕이 인디언들에게 '검은 운명'을 가져올 비운의 언덕으로 바뀌고 말았다.

금이 발견되자 수많은 백인들이 '파인 리지 보호 구역'을 마음대로 드나들면서 땅과 인디언들을 유린했다. 라코타 부족은 연방 정부가 약속을

검은 언덕의 모습 ⓒRunner1928

깨고 그들을 쫓아내려 한다며 결사 항쟁의 의지를 보였다. 이것이 1876년부터 2년간 계속된 '위대한 수족의 전쟁'이었다.

1876년 6월 25일~26일 '미친 말(크레이지 호스)'이 이끄는 수족 전사들과 조지 암스트롱 커스터 중령이 이끄는 미 연방군 간에 전설적인 리틀 빅혼 전투가 벌어졌다. 예상을 뒤엎고 '미친 말'의 대승이었다. 600명 규모의 커스터

리틀 빅혼 전투의 주역이었던 앉은 소

의 군대 중 무려 268명
이 목숨을 잃었다. 그중
에 커스터도 포함되었
다. 미국 역사상 인디언
최대의 승리로 기억되는
전투이다.

리틀 빅혼 전투 중
커스터 중령의 마지막 저항을 그린 그림

하지만 사실상 인디언
의 마지막 전투이기도
했다. 인디언들은 이 전투에서 승리했지만 더 이상 버티기가 힘들었다.
인디언 삶의 구명줄이었던 버펄로가 대륙횡단철도 건설 등 서부 팽창으

항복을 하기 위해 크룩 장군에게 향하는 미친 말과 그의 부족들

로 사라지면서 인디언들은 계속 버틸 수 없었던 것이다. 부족들은 하나
둘 항복을 했고, 결국 '미친 말'도 항복했다. 호송 중에 어느 군인에게 피
격당해 사망한 '미친 말'의 운명은 라코타족의 운명을 대변하는 듯했다.

운디드니 학살

사우스다코타 수족의 운명은 결국 미국 대평원에서 벌어진 최악의 비극
을 낳고 말았다. 1890년 12월 9일, 미국 기병대는 '파인 리지 인디언 보호
구역'에 거주하던 수족을 무장 해제하려고 했다. 귀가 들리지 않는 젊은
전사 '검은이리'는 총을 뺏기지 않으려고 몸부림쳤고, 그 과정에서 한 발
의 총알이 발사되고 말았다. 기병대는 인디언들이 공격하는 것으로 오인
하고 기관총을 발사하기 시작했다. 약 300명의 인디언들이 사망했다. 기
병대는 큰 구멍을 파서 인디언 사망자 시체들을 몰아넣었고, 부상자들을
방치한 채 떠나 버렸다. 수많은 부상자들이 눈발이 휘날리는 매서운 겨울
날씨에 하나둘 동사하고 말았다. 그중에는 '큰 발 추장'도 포함되었다.

　이것이 미국 역사에서 가장 비극적인 인디언 학살 사건으로 기억되는
'운디드니 학살'이다. '검은 이리'가 총을 뺏기지 않으려고 반항할 때 나
이 든 인디언들을 중심으로 '유령 춤Ghost Dance'을 추기 시작했고, 그것이
분위기를 험악하게 만들었다고 한다. '유령 춤'은 수족이 자신들의 서글
픈 운명을 달래기 위해 추기 시작했다. 그 춤을 추면 평화가 찾아올 것이

운디드니 학살 후
시체를 묻고 있는
미국 기병대

라고 믿었으며, 버펄로도 대평원으로 돌아올 것이라는 믿음을 지닌 주술
적인 춤이었다. 하지만 미국 정부는 그 춤이 백인 정착민들을 불안에 떨
게 만들고 연방 정부에 대한 반항을 부추기는 춤이라고 해서 금지시켰
다. 거의 대부분의 인디언들은 이미 무장 해제된 상황이었기에 왜 군인
들이 그런 무차별 사격을 했는지 의문이다. 이는 오랫동안 백인들의 의
식 속에 뿌리 깊게 남아 있던 반인디언 정서, 특히 인디언들을 야만인으
로 취급하는 그런 정서가 복합적으로 노출된 사건으로밖에 볼 수 없다.

학살에 가담한 20명의 미군들이 명예 훈장을 받았다. 2001년 미국 인
디언 의회에서 그 수훈을 비판하며 연방 정부가 그것을 철회해 줄 것을
요청했다. 그리고 학살 현장은 국가 사적지로 지정되었다. 학살 100주년
기념에 즈음해서 1990년 미 의회 상하 양원은 공식적으로 학살에 대한
'깊은 사죄'를 표명했다.

유령 춤을 묘사한 그림

운디드니 학살 후 죽어서 누워 있는 큰 발 추장

마운트 러시모어와
'미친 말' 국립 기념 공원

래피드시티 남서쪽 근교에 마운트 러시모어 국립 기념 공원이 조성되어 있다. 거기에 미국의 영웅으로 추앙받는 네 명의 대통령 얼굴이 새겨져 있다. 1927년에 시작해서 1941년에 공사를 마친 이곳에 조지 워싱턴, 토머스 제퍼슨, 시어도어 루스벨트, 그리고 에이브러햄 링컨이 새겨져 있다.

선택을 받은 네 명의 대통령의 기준은 건국, 통합, 발전 등이었는데, 여기에 포함된 것이 서부 개척이었다. 초대 대통령 워싱턴은 건국에 해당하고 16대 대통령 링컨은 통합에 해당되었다. 그러나 네 명 다 서부 개척과 관계가 있다. 워싱턴은 미국 발전의 토대가 서부 개척에 있다고 보았다. 3대 대통령 제퍼슨은 1803년 프랑스로부터 루이지애나 영토를 매입했다. 그 기점부터 미국의 서부 팽창은 가속화되었다. 링컨은 남북전쟁이 시작된 다음 해에 대륙횡단철도 건설에 서명했다. 연방의 최대 위기였던 남북전쟁의 와중에도 링컨은 대륙 팽창의 비전을 놓지 않았다. 26대 대통령 시어도어 루스벨트는 가장 열정적으로 서부 팽창을 주도했던 인물이었다. 자신도 노스다코타에 살았고, 미국 서부사에 대한 책을 집필했으며, 서부 국립공원의 아버지라고 불릴 정도로 서부에 대한 애착이 많은 대통령이었다.

그런데 미국인들이 영웅시하는 그 네 명의 대통령이 인디언들의 비애

마운트 러시모어 국립 기념 공원에 새겨져 있는 네 명의 대통령 얼굴

가 서려 있는 '검은 언덕'에 세워졌으니 그것을 보는 인디언들의 심정은 어떨까.

한 가지 다행인 것은 마운트 러시모어에서 27킬로미터 떨어진 곳에 '미친 말'의 기념비도 세워졌다. 1998년, 말을 타고 자신의 부족이 살던 '검은 언덕'을 가리키고 있는 '미친 말'의 얼굴이 완성되었다. 얼굴 크기는 무려 27미터나 되었다. 마운트 러시모어에 새겨진 대통령들의 얼굴이 각각 18미터이니 얼마나 큰지 짐작할 수 있다.

검은 언덕을 가리키고 있는 미친 말의 얼굴 조각

끝나지 않은 운디드니의 비극

'파인 리지 인디언 보호 구역'은 운디드니 학살이 벌어지고 80여 년이 지난 후에 또 한 번 전국적인 관심을 끌게 되었다. '운디드니 사건'으로 불리는 이 사건 역시 '파인 리지 보호 구역'에서 벌어졌다. 이 보호 구역은 오랫동안 정치적, 민족적, 문화적 차이로 인한 분열로 점철되었다. 전통적인 라코타족은 선거로 뽑힌 보호 구역 대표와 그의 통치를 받아들이지 않았다. 부족 내의 긴장은 고조되었고, 1973년 2월 27일 전통적인 라코타족들은 운디드니의 자그마한 마을을 점령했다. 이후 71일간 이들과 정부 기관은 무장 대치 상태에 들어갔다. 거의 매일 밤 총격전이 벌어졌다. 두 명의 라코타족이 사망했고 한 명의 FBI 요원이 피격을 받아 불구가 되었다. 이후에도 라코타족과 보호 구역 대표자들 간의 대결은 계속되었다. 1973년 3월 1일에서 1976년 3월 1일 사이에 보호 구역 내에서 적어도 60명 이상이 목숨을 잃었다.

시간이 지나면서 보호 구역 내의 치안은 어느 정도 안정이 되었지만, 가난은 보호 구역의 인디언 사회를 피폐하게 만들었다. 남부 애리조나에 위치한 나바호 인디언 보호 구역을 제외하고는 미국에서 가장 큰 보호 구역인 파인 리지 보호 구역은 미국 내 인디언 보호 구역에서 가장 가난한 곳으로 전락했다. 약 90퍼센트의 인디언들이 실업자이며, 일인당 소득은 미국 내에서 가장 낮다. 유아 사망률은 미국 평균보다 다섯 배가 높다. 남성 평균 수명은 47세이고 여성은 53세로 역시 미국에서 가장 짧다.

현재 파인 리지 보호 구역의 가장 큰 문제는 이러한 가난 외에도 젊은 이들이 희망을 잃어 가고 있다는 점이다. 젊은이들은 알코올과 마약 중

파인 리지 보호 구역 북부의 불모지

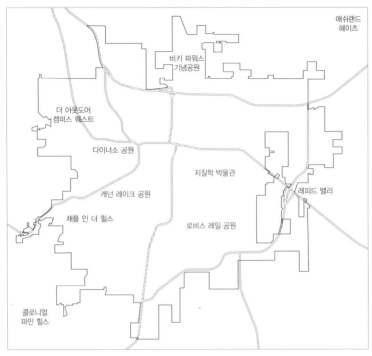

래피드시티의 지도

독에 빠져 무기력해졌고 자살률은 전국 자살률의 2.5배에 이른다.

　래피드시티는 '검은 언덕'을 중심으로 인디언들의 역사가 깃들어 있는 서부 사우스다코타에서 제일 큰 도시이다. 만약 래피드시티를 방문해서 한 곳만을 둘러본다면 어디를 갈까. 미국인들이 가장 많이 찾는 마운트 러시모어를 갈지, 좀 더 서쪽으로 가서 미친 말 기념지로 갈지, 아니면 남쪽으로 가서 '파인 리지 보호 구역'을 둘러볼지. 미국 서부 개척의 빛과 어둠을 동시에 보려면 가능하면 이 모든 곳을 다 봐야 할 것이다.

㉘

솔트레이크시티

모르몬교도의 성지에서
가장 미국적인 도시로 성장한 곳

지역 : 유타주
인구 : 200,100명 (2020년 현재)

환상의 지역으로만 남겨진 불모지

1540년, 스페인의 코로나도^{Francisco Vázquez de Coronado}가 이끄는 탐험대가 유타 남부 지역까지 이르렀다. 그들은 그곳이 금이 풍부하게 매장되어 있다는 전설적인 시볼라^{Chibola}의 '7개의 도시' 중 일부라고 믿었다. 하지만 그 어디에도 금은 없었다. 백인으로서는 최초로 그랜드캐니언과 콜로라도강을 탐험한 것으로 만족할 수밖에 없었다. 1776년 도밍구에즈^{Atanasio Domínguez}와 에스카란테^{Silvestre Vélez de Escalante} 두 명의 가톨릭 사제가 이끄는 원정대가 산타페를 떠나 캘리포니아 해안 몬트레이로 가는 길을 찾기 위해 유타를 탐험했다. 그들은 북쪽 유타 호수까지 갔지만 다시 되돌아갔다. 대부분이 사막 불모

코로나도의 얼굴을 새겨 넣은 조각

그레이트솔트레이크의 겨울 풍경

지인 데다 캘리포니아 해안으로 연결되는 길이라는 확신이 들지 않았기 때문이었다.

　스페인 사람들이 시볼라와 같은 금에 대한 환상 때문에 유타 지역을 탐험했다면, 영어권 사람들은 인디언과의 모피 무역 때문에 유타에 관심을 보였다. 1825년 캐나다의 에티엔느 프로보스트$^{Étienne\ Provost}$는 모피 무역을 위해 그레이트솔트레이크 입구에 도착했

다. 그는 조단강에서 인디언의 공격을 받고 여덟 명의 원정대원을 잃었지만 교역소를 설립하는 데 성공했다. 유타주 프로보 시는 이 지역을 방문한 그의 이름을 따서 명명되었다. 오그덴 시도 비슷한 이유로 웨버 계곡에서 모피를 거래한 캐나다 탐험가인 피터 오그덴$^{Peter\ Skene\ Ogden}$의 이름을 따서

**캐나다의 탐험가
피터 오그덴의 모습**

짐 브리저의 모습

명명되었다.

미국인으로서는 짐 브리저$^{Jim\ Bridger}$가 1824년 후반에 그레이트솔트레이크를 처음 발견했다. 그는 1804년 루이스-클라크 원정대의 탐험로를 따라 캘리포니아로 향하는 북서부 횡단로를 탐험하던 중 그 호수를 발견했다. 호수가 발견된 후 수백 명의 미국 및 캐나다 상인과 사냥꾼이 이 지역에 교역소를 설립했다.

모르몬교도의 성지가 된 솔트레이크시티

본격적으로 유타 지역에 정착한 사람들은 미국 서부 개척사에서 가장 독특한 그룹이었다. 바로 말일 성도 그리스도, 이른바 '모르몬교' 신자들이다. 유타와 솔트레이크시티를 얘기할 때 이들을 빼놓고 얘기할 수 없다.

모르몬교를 창시한
조지프 스미스의 모습

모르몬교는 1830년 3월에 출판된 모르몬 경전에서 출발했다. 창시자는 조지프 스미스이다. 그는 고대 선지자 모르몬에 의해 집대성된 미국 문명에 대한 종교적 역사서가 뉴욕주의 구모라 언덕에 묻혀 있었는데 그가 계시를 받고 그것을 찾아서 번역했다고 주장했다. 그는 유토피안 공동체인 '시온'을 건설하기 위해 뉴욕주에서 교세를 늘려 가기 시작했다. 하지만 이들을 보는 기존 기독교도의 시선은 곱지 않았다. 모르몬교와 기존의 기독교는 교리적인 면에서 공통점이 많았지만, 삼위일체와 예수 그리스도의 처녀 마리아로부터의 탄생 여부 등에서 차이가 있었

1830년 출판된 모르몬 경전의 표지

다. 무엇보다도 모르몬교가 조지프 스미스라는 한 개인에 의해 설립되었다는 점과 성서가 아닌 모르몬 경전으로 말미암아 기존의 개신교도들로부터 박해와 탄압의 대상이 되었다.

스미스와 신도들은 박해와 탄압을 피하기 위해 서부로 이동했다. 그들은 오하이오와 미주리 등을 거쳐서 1839년에 일리노이주의 미시시피 강변의 노부^{Nauvoo}에 타운을 설립했다. 하지만 1844년 반모르몬주의자들에 의해 스미스와 그의 동생이 살해당하고 말았다. 스미스의 후계자로 브리검 영이 선택되었다. 모르몬교도의 새로운 여정이 시작되었다.

스미스의 사망 2년 후에 브리검 영은 모르몬교도들을 이끌고 노부 성지를 떠나 서부로의 이주를 결심했다. 그들은 네브래스카 영토에서 겨울을 지낸 후 1847년 유타에 도착했다. 멕시코와의 전쟁으로 미국의 영토가 된 지 1년 만에 유타는 모르몬교도들의 정착지가 된 것이다.

솔트레이크시티에 있는
모르몬교 사원

그들만의 이상을 성취할 수 있는 지역을 확보한 모르몬교도들은 유타의 사막과 바다보다 최대 다섯 배나 염분 농도가 높아 미국의 '흑해'로 불리는 솔트레이크를 그들만의 낙원으로 만들기 시작했다. 그들의 적극적인 선교 사업의 결과로 수많은 유럽 신도들이 그곳에 합류했다. 1847년부터 1877년 사이에 7만여 명의 모르몬교도들이 미국으로 이민을 오게 되었는데, 그중 대부분은 영국과 스칸디나비아에서 건너왔다. 이러한 이민자들로 말미암아 유타는 서부 주들 중에서 가장 빠른 속도로 발전해 가는 준주가 되었다. 그러나 유타가 준주에서 연방의 주로 합병되기까지는 많은 세월이 걸렸다.

연방 주로 편입되기까지의 험난한 여정

그렇다면 이렇게 빠른 속도로 인구가
늘어나는 유타 준주가 오랫동안 연방
에 편입될 수 없었던 이유는 뭘까. 그
이유는 종교적인 문제였고, 그중에서
도 그들이 오랫동안 실행하고 있었던
일부다처제 때문이었다. 미국 의회는
미국의 전통적인 기독교 가치관에 어
긋나는 일부다처제를 시행하는 유타
준주를 연방에 가입시킬 수 없다고
판단했던 것이다.

**연방 군대를 유타에 파견했던
제임스 뷰캐넌 대통령**

　모르몬교도에 대한 미국인들과 미국 정부의 시선은 갈수록 호전적이
되어 갔다. 1857년 제임스 뷰캐넌 대통령은 연방 군대를 유타에 파견하
기에 이르렀다. 모르몬교도들은 연방군에 맞서서 물리적으로 대항할 것
을 맹세하면서 이른바 '유타 전쟁'을 준비했다. 다행히 이러한 대결은 실
질적인 전쟁으로 격화되진 않았다. 하지만 이 과정에서 불상사가 발생했
다. 미 연방군과 대치하고 있던 모르몬 민병대가 마운트 메도스를 지나
가던 민간인 이주자들을 공격한 것이었다. 여자와 어린아이를 포함해서
적어도 120명이 목숨을 잃었다. 이 사건으로 브리검 영은 준주 주지사
에서 물러나고 비모르몬교도인 앨프리드 커밍스가 새로운 주지사가 되

비모르몬교도로서 유타 준주
주지사가 된 앨프리드 커밍스

었다. 물론 유타의 정치적 실권은 여전히 모르몬교도들이 장악하고 있었다.

1877년 브리검 영이 사망한 이후에도 교회 지도자들은 계속해서 연방 정부의 일부다처제 폐지에 대항해서 투쟁했고, 이는 유타가 계속 연방에 합류하지 못하게 되는 주요한 이유가 되었다. 1890년 9월 모르몬교회 회장인 윌포드 우드러프가 공식적으로 일부다처제를 포기하겠다는 선언을 하였고, 1896년에 드디어 연방의회는 유타를 연방의 마흔다섯 번째 주로 받아들였다.

1880년의 솔트레이크시티 모습

기타 지역

솔트레이크시티의 성공 신화, 그 비결은?

솔트레이크시티에 도착한 후 브리검 영은 성전이 들어설 토지를 중심으로 단지를 사각형 구역으로 구획했다. 처음에는 성도들이 농업을 중심으로 배당받은 단지에서 정착을 시작했지만, 사람들이 많이 왕래하는 성전 주변은 활발한 상업 지역으로 변모하기 시작했다. 그중 가장 대표적인 곳이 성전 건너편의 75번 구역과 76번 구역이었다.

솔트레이크시티의 모르몬교도들은 신앙적인 면에서는 분명 독특한 공동체였지만 경제적인 면에서는 미국의 여느 도시와 다름이 없었다. 75번, 76번 구역은 수많은 가게들이 군집된 일종의 백화점 지역으로 급성장했다. 그들의 종교적 성향과 성전을 제외하면 솔트레이크시티는 누가 봐도 개인의 물질적 열망이 넘쳐 나는 가장 미국적인 자본주의 도시로 성장하고 있었다. 게다가 1869년 대륙횡단철도가 연결되면서 솔트레이크시티는 태평양 연안의 서부로 가는 가장 중요한 교차지가 되었으며, 샌프란시스코를 제외하면 서부에서 가장 상업이 융성한 도시로 성장했다.

돈과 사람이 몰린 곳에는 홍등가가 생기기 마련이다. 19세기 후반 급속한 산업화에 따라 미국의 대도시들은 홍등가 문제로 골머리를 앓고 있었다. 솔트레이크시티도 예외가 아니었다. 1870년부터 1908년까지 홍등가 문제는 솔트레이크시티에서 가장 골치 아픈 정치적, 사회적 이슈가 되었다. 1908년 시의회는 커머셜 스트리트의 홍등가에 종사하는 여

1869년 센트럴퍼시픽과 유니언퍼시픽의 대륙횡단철도의 상봉점이었던 솔트레이크시티

성들을 64번 구역으로 강제 이주시켰지만, 결국 여성들은 다시 이전의 번화가로 되돌아갔다. 이 거리가 지금의 리젠트 스트리트이다.

솔트레이크시티는 문화 예술적인 면에서도 서부에서 가장 두드러진 곳이었다. 특히 1862년에 완성된 솔트레이크시티 극장은 유타에서 가장 큰 건물로서 '사막의 성전'으로 불릴 정도였다. 일주일에 적어도 두 번의 공연이 열렸던 이 극장은 미국의 유명 배우들이 거쳐 가는 곳이었을 뿐만 아니라 사라 알렉산더와 같은 솔트레이크시티 출신 유명 배우를 탄생시키기도 했다.

기타 지역

현재 솔트레이크시티는 여느 미국의 대도시처럼 도심의 문제들로 골머리를 앓고 있다. 1970년대와 1980년대부터 도시 지도자들은 도시 재생 사업을 전개하고 있다. 그들의 가장 큰 과제는 근교로 나갔던 사람들이 다시 도심으로 돌아오도록 하는 것이다. 그들이 찾은 방안은 브리검 영과 그들의 선조들이 했던 방식으로 되돌아가는 것이었다. 사람들이 도심에서 거주하고 생활하고 즐길 수 있도록 만들어 주는 것이었다. 모르몬 성전의 바로 건너편에는 세계적 수준의 주상 복합 상가인 시티 크리크 센터가 자리 잡고 있다. 이 센터가 이러한 노력의 결과 중 하나이다.

모르몬 성전 건너편에 자리 잡은 시티 크리크 센터 ⓒShawnnielsen

솔트레이크시티의 지도

　종교적으로 솔트레이크시티는 분명 미국에서 가장 독특한 도시인 것은 사실이다. 하지만 시티 크리크 센터가 보여 주듯이 그곳은 미국적 자본주의가 깊게 배어 있는 가장 미국적인 도시라고 할 수 있다.

29

앵커리지

'얼어붙은 황무지'에서
미국의 '마지막 프런티어'로
성공한 알래스카의 중심지

지역 : 알래스카주
인구 : 292,100명(2020년 현재)

러시아의 영토가 된 에스키모의 땅

고고학적 증거에 따르면 5,000년 전에 알루티크 에스키모^{Alutiiq Eskimos} 부족이 카약을 타고 현재의 알래스카에 건너왔다. 서기 500년경에 알래스카 남부에 정착했던 에스키모족은 추가치 알루티크^{Chugach Alutiiq}였는데, 그들은 알래스카 중앙의 산길을 통해 디나이나 아타바스칸스^{Dena'ina Athabaskans} 에스키모가 들어오면서 다른 지역으로 쫓겨났다. 디나이나족은

에스키모 가족의 모습

정해진 정착지가 없었고 계절의 변화에 따라 여러 지역으로 이주하면서 생활했다. 여름에는 연안의 개울과 강을 따라 낚시를 하고, 초가을에는 큰사슴과 산양을 사냥하고, 늦가을에

는 열매를 땄다.

덴마크 탐험가 베링

덴마크 탐험가 비투스 베링^{Vitus Bering}은 러시아 황제 피터 대제의 후원을 받아 1724년과 1741년 두 차례 시베리아 동부를 탐험하던 중 시베리아 동부와 지금의 알래스카 사이의 해협을 발견했다. 그 해협은 베링해협이라고 이름 지어졌다. 영국의 제임스 쿡 선장은 알래스카 해안선의 지도를 만든 최초의 유럽 탐험가였다. 1778년 5월 15일, 몇 주간의 험난한 날씨를 견뎌 낸 쿡은 지금의 앵커리지에 정박했다. 정박했다는 의미의 앵커^{anchor}에서 따온 이름인 것이다.

알래스카는 러시아와 영국뿐만 아니라 스페인도 관심을 보이긴 했지만, 추운 날씨로 인해 사람이 살기에 부적절하다고 판단해서 러시아 외에는 적극적으로 정착하지 않았다. 러시아도 1795년 이래 주로 모피 무역과 러시아 정교의 선교를 위해 소수가 알래스카에 정착하긴 했지만 국가적인 정착과는 거리가 멀었다. 알루티크 에스키모들은 그곳을 알래스카

제임스 쿡의 모습

눈 덮인 알래스카 평원

라고 불렸는데, 그 뜻은 '본 땅^{Mainland}'이고 의미는 '바다가 향하는 곳'이
다. 러시아는 시베리아 동쪽 끝에 연결되는 반도라고 생각해서 '알래스
카반도'라고 불렀는데, 이를 알래스카로 줄여 부르게 되었다.

미국이 매입한 '얼어붙은 황무지'

알래스카는 오랫동안 외부에 알려지지 않았고 관심도 크지 않았다. 19
세기 중반부터 러시아 제국은 알래스카를 팔아 버리려고 했고 1867년

기타 지역

에 미국에 팔았다. 미국 국무장관 윌리엄 수어드[William H. Seward]의 노력으로 미국은 러시아 제국으로부터 알래스카를 720만 달러에 매입했다. 매입에 비판적인 사람들은 이 거래를 '수어드의 어리석음'이라고 비웃었지만 수어드는 알래스카 매입을 성사시켰다. 그는 미국의 향후 운명이 태평양에 있다고 보았고, 그 태평양을 지배하기 위해서는 알래스카를 확

알래스카를 매입한
윌리엄 수어드

보해야 한다고 믿었다. 그 기회가 왔을 때 알래스카를 차지해야 한다고 주장했던 것이다.

그 기회는 미국의 남북전쟁이 끝나자 찾아왔다. 사실 남북전쟁 이전부터 러시아는 알래스카를 미국에 팔고자 했다. 1856년 크림전쟁에서 프랑스와 영국에 패한 러시아는 돈이 필요했다. 게다가 인접 캐나다에 기반을 둔 영국군 때문에 방어하기도 어려웠기 때문에 팔아 버리기로 한 것이다. 그런데 라이벌인 영국에 팔 수는 없었기에 미국에 매도하고자 했던 것이다. 러시아의 알렉산드르 2세는 1857년과 1858년에 미국에 영토를 팔겠다고 제안했다. 하지만 미국의 남북전쟁으로 알래스카 매각 논의는 수면 밑으로 가라앉고 말았다.

남북전쟁이 끝나자 러시아는 다시 알래스카 매도를 미국에 타진했다. 수어드 국무장관은 미국에 천운이 떨어졌다고 생각하고 매입을 관철시키기 위해 정치계와 언론계를 중심으로 매입에 우호적인 여론을 조성하

려고 노력했다. 당시 미국의 여론은 매입에 적극적이지 않았고 매입에 반대하는 목소리도 만만치 않았다. 수어드가 어리석은 짓을 계획하고 있다고 비판했고, 그가 사려고 하는 땅을 '수어드의 아이스박스'라고 비아냥거렸다. 혹시 금이라도 발견되면 모를까 알래스카는 '얼어붙은 황무지'로서 경제적으로 아무 쓸모가 없다는 판단이었다.

아이러니하게도 미국 내에서 알래스카 매입에 반대하는 여론이 높아지자 러시아는 더욱 안절부절못했고, 워싱턴 주재 러시아 공사가 7만 3,000달러를 들여 의회 내 반대 인사들이 찬성으로 돌아서도록 로비했다.

결국 1867년 3월 미국은 고작 720만 달러에 알래스카 매입을 성사시켰다. 향후 미국의 서방 정책의 전진기지가 된 알래스카가 미국의 수중에 들어가는 역사적인 순간이었다.

알래스카 골드러시

'혹시 금이라도 발견되면 모를까' 하는 기대는 얼마 되지 않아 현실이 되었다. 1880년에 주노에 가까운 지역인 실러보 유역과 더글러스섬에서 금이 발견되더니 몇 년 사이를 두고 계속 알래스카와 인근 캐나다 지역에서 금이 발견되었다. 그러다 1896년 알래스카와 인접한 캐나다 북서부의 클론다이크 지역에서 금광이 발견됐다. 이른바 '클론다이크 골드러시'로 1896년에서 1899년 사이에 약 10만 명의 광부들이 클론다이크

칠쿠트 경로를 따라 올라가고 있는 금광 탐사자들

지역으로 이주했다.

　클론다이크 골드러시로 향하는 대부분의 광부들은 알래스카 남동부의 다이아^{Dyea}와 스캐그웨이^{Skagway} 항구를 통과하는 길을 택했기에, 알래스카는 순식간에 금을 찾으려는 사람들로 붐비기 시작했다. 클론다이크 강과 유콘강이 합류하는 지점에 세워진 도슨시티는 1896년 인구 500명에서 1898년 여름 무렵에는 인구 3만 명의 도시로 성장했다.

　1899년 여름, 알래스카 서부의 놈^{Nome} 주변에서 금이 발견되자 많은 광부들이 클론다이크를 떠나 새로운 금광을 찾아 나섰다. 클론다이크 러시는 시들어졌고, 붐타운은 쇠퇴하고 도슨 시의 인구도 극감하기 시작했다. 하지만 1903년 더 무겁고 성능이 우수한 장비가 도입되면서 클론다

세관에서 광부 면허증을 사고 있는 클론다이크의 사람들

이크의 금 채굴 생산량은 최고조에 달했다. 이후 클론다이크 금광은 계속해서 채굴되었고, 관광객들을 끌어들이기까지 하면서 알래스카와 앵커리지의 발전에 기여했다.

철도, 항공, 석유의 도시

앵커리지는 브룩스산맥 남쪽 알래스카의 다른 도시들과는 달리 낚시나 광산 캠프가 아니었다. 앵커리지 주변 지역에는 돈이 되는 금속 광물도 부족했다. 하지만 1914년에 철도 건설이 시작될 장소로 앵커리지 인근 지역이 선택되면서 앵커리지는 급속히 성장하게 되었다. 알래스카 철도 본부가 있던 십크리크Ship Creek 부근은 순식간에 사람들이 북적거리는 천막 도시가 형성되었다. 알래스카 철도가 1923년에 완공되면서 1920~1930년대 알래스카의 경제는 철도를 중심으로 이루어졌고, 그 중심지가 앵커리지였다.

1929년에 항공 교통의 증가로 도시 부지 경계의 바로 동쪽 부지가 개간되었다. 이것은 1930년대와 1940년대에 앵커리지의 주요 공항으로 사용되었던 메릴필드Merrill Field가 되었다. 1951년 앵커리지 국제공항이 건설되었지만 메릴필드는 지금까지 사설 공항으로 사용되고 있다. 1940년대에 엘먼도프Elmendorf 공군기지와 포트리처드슨Fort Richardson 육군기지가

앵커리지와 페어뱅크스를 왕복하는 알래스카 철도

건설되면서 도시 경제성장의 주축이 되었다.

1968년 미국종합석유회사(ARCO)는 알래스카 노스슬로프의 프루도 만Prudhoe Bay에서 석유를 발견했고, 그로 인한 석유 붐은 앵커리지의 추가 성장에 박차를 가했다. 석유산업은 알래스카 일자리의 4분의 1을 차지하고 있고, 그 일자리의 84퍼센트를 알래스카 주민들이 차지하고 있다. 석유산업은 전체 주 경제의 반을 차지할 정도로 알래스카 경제의 기반이다.

세계 운송의 허브가 된 앵커리지

앵커리지는 그 지리적 위치로 말미암아 알래스카와 미국 본토뿐만 아니라 세계의 운송 중심지로 부상되었다. 앵커리지에서 뉴욕, 도쿄, 그리고 독일의 프랑크푸르트는 거의 같은 거리이다. 전 세계의 선진 산업국가들은 앵커리지에서 항공으로 열 시간 이내로 연결된다. 특히 냉전 시기에 앵커리지는 유럽과 아시아를 연결하는 핵심 지역이었다.

1990년대부터 중간 급유가 필요 없는 장거리 비행 항공기가 개발되면서 앵커리지의 중요성은 급격히 떨어졌다. 다행히 이러한 추세가 화물 수송에는 크게 영향을 주지 않았다. 화물 수송기는 더 많은 화물을 적재하고 중간 급유를 택하는 것이 유리하기 때문에, 앵커리지 국제공항은 국제 화물과 우편 항공기들의 가장 중요한 중간 급유지가 되었다. 코로

앵커리지 국제공항의 모습

나19 팬데믹으로 앵커리지는 그 중요성이 더욱 부각되었다. 민간 여행기의 운항은 줄었지만 화물 수송이 급격히 늘어나면서 앵커리지는 세계에서 가장 바쁜 공항이 되었고, 이는 앵커리지에 새로운 붐을 생성했다.

알래스카는 면적 기준으로 미국에서 가장 큰 주로서, 그다음으로 큰 3개 주(텍사스, 캘리포니아, 몬태나)를 합친 것보다 더 큰 총면적을 갖고 있다. 인구로는 미국에서 세 번째로 작은 주이며, 인구가 가장 분산되어 있는 주이기도 하다. 2022년 알래스카 인구는 72만여 명이고, 약 절반이 앵커리지 대도시 지역에 살고 있다. 앵커리지는 미국의 '마지막 프런티어'라고 불리는 알래스카의 중심지가 되었다.

앵커리지의 지도

30

호놀룰루

사탕수수 농장에서
최고의 관광지가 된 도시

지역 : 하와이주
인구 : 347,200명 (2020년 현재)

제임스 쿡으로 시작된 '샌드위치제도'

고고학적 증거에 따르면 4세기에서 7세기 사이에는 마르키즈제도에서, 그리고 9세기 혹은 10세기에는 타히티에서 온 폴리네시아 사람들이 하와이에 정착했을 것으로 보인다. 폴리네시아 사람들은 하와이를 포함해서 뉴질랜드, 사모아, 그 밖에 태평양에 산재해 있는 다양한 사람들로 구성되었기에 어느 지역에서 온 원주민이 가장 많이 하와이에 정착했는지는 명확하지 않다. 하지만 카푸제도, 인신 제사 관행, 헤이아우 건설 등을 고려할 때 타히티에서 온 사람들이 하와이 정착민의 주류였을 것으로 추정된다. 또한 그들의 몸집이 상대적으로 다른 폴리네시아 사람들보다 컸기 때문에 다른 원주민들을 쉽게 제압하고 정착했을 것으로 판단된다.

1778년 영국 탐험가 제임스 쿡 선장은 유럽 탐험가로서는 최초로 하와이에 도착했고, 다음 해 초에 두 번 더 하와이를 방문했다. 초기 영국의 영향은 왼쪽 상단 모서리에 유니언잭이 있는 하와이 주기 디자인에서 볼

**사모아 폴리네시안의
모습**

수 있다. 쿡은 영국의 남동부에 위치한 샌드위치의 네 번째 백작 존 몬터규를 기리기 위해 이 군도를 '샌드위치제도'라고 명명했다. 그는 원주민들을 오위히^{Owyhee}라고 불렀는데, 이것이 나중에 하와이로 불리게 되었다. 1779년 2월 쿡 선장이 세 번째로 하와이를 방문했을 때 정박 중이던 대형 보트 하나를 도둑맞게 되자 쿡은 추장을 납치했다. 추장을 풀어 주는 대가로 보트를 돌려받기를 원해서였다. 하지만 원주민들의 습격으로 쿡은 살해되고 말았다. 2월 14일 밸런타인데이에 일어난 비극이었다.

쿡의 하와이 방문과 그의 항해와 관련해 여러 권의 책이 출판된 후 하와이제도는 많은 유럽과 미국 방문객들을 끌어들였다. 탐험가, 무역상, 그리고 마침내는 포경선이 하와이에 들어왔다. 하지만 다른 아메리카 원주민의 경우처럼 유럽인들과의 접촉으로 하와이 원주민은 인플루엔자, 천연두, 홍역과 같은 유라시아 질병에 노출되었다. 1820년까지 질병, 기근, 추장들 간의 전쟁으로 하와이 원주민 인구의 절반 이상이 사망했고, 1850년대에는 홍역으로 5분의 1이 목숨을 잃었다.

사탕수수 농장과 선교 사업을 주도한 미국인들

1780년대와 1790년대에 발생한 부족 간의 전쟁 후에, 사람이 거주하는 하와이의 모든 섬은 카메하메하^{Kamehameha} 대왕으로 알려진 단일 통치자에게 예속되었다. 그의 왕조는 1872년까지 지속되었다. 카메하메하 3세의 통치 기간 동안 하와이는 미국과 중요한 관계를 맺게 되었다. 1835년 매사추세츠의 사업가 윌리엄 후퍼는 왕으로부터 1,000에이커에 가까운 땅을 불하받아 사탕수수 농장을 시작했다. 이것이 이후 하와이의 역사를 바꿨다. 그동안 하와이 경제의 주축이었던 포경 산업은 시들어 갔고 사탕수수 산업이 경제의 축이 되었다. 35만여 명의 노동자들이 전 세계에서 몰려들었다. 하와이 원주민들은 땅을 사유화하는 개념이 없었기 때문에 백인들이 잠시 빌려서 농사 짓는 것으로 생각했다. 미국인들을 비롯한 유럽인들은 땅을 사유화했다.

카메하메하 3세의 모습

땅의 사유화는 곧 정치적 개입을 의미했다. 갈수록 정치적으로 권한을 키워 가는 백인들과 하와이 왕족 및 원주민들 간에 갈등이 심화될 수밖에 없었다.

또한 하와이에 건너온 미국인 선교사들로 말미암아 하와이는 급속도로 기독교화되었다. 1820년에 하와이에 도착한 뉴잉글랜드 출신의 개신교 선교사인 하이럼 빙햄은 하와이 원주민의 개종뿐만 아니라 사회적, 문화적인 개혁에까지 힘을 뻗쳤다. 그의 영향을 받은 하와이 왕은 매춘과 술에 취하는 것을 법으로 금지했다. 하와이 왕국은 1840년에 기독교 군주국으로 변모했다. 가톨릭 선교사들의 선교 활동도 하와이에 깊은 인상을 남겼다. 1866년에 설립되어 20세기까지 운영된 몰로카이^{Moloka'i}의 칼라우파파^{Kalaupapa}에 있는 문둥병 병원은 각국에서 온 선교사들이 운영했다. 가장 유명한 사람은 벨기에의 다미앵^{Damien} 신부와 미국에서 온 메리앤 코프^{Marianne Cope} 수녀였다. 이들은 모두 21세기 초에 로마 가톨릭 성인으로 시성되었다.

선교사 하이럼 빙햄의 모습

메리앤 코프 수녀의 모습

1872년 후계자를 지명하지 않은 미혼 왕 카메하메하 5세의 죽음으로 인해 왕위 계승 폭동이 일어나자, 미국과 영국은 질서를 회복하기 위해 섬에 군대를 상륙시켰다. 1874년 칼라카우아^{Kalākaua} 왕이 군주로 선출되었다. 하지만 하와이를 실질적으로 장악하고 있던 유럽과 미국 사업가들이 1887년에 칼라카우아를 협박해서 새로운 하와이 왕국 헌법에 서명하게 했다. 백인 사업가와 변호사가 작성한 이 문서는 왕의 권위를 상당 부분 박탈했고, 투표권 범위를 부유한 백인 엘리트들에게 유리하도록 개정했다. 1887년 헌법은 강압적으로 서명되었기 때문에 '총검 헌법'으로 알려져 있다. 이 헌법 개정에 주도적인 역할을 했던 미국인이 스탠퍼드 돌^{Stanford B. Dole}이었다. 그는 나중에 하와이의 파인애플 왕국을 만들었던 제임스 돌^{James Dole}의 삼촌이다. 1891년에 유명무실했던 칼라카우아 왕이

칼라카우아 왕의 모습

릴리우오칼라니 여왕의 모습

사망하자 그의 누이인 릴리우오칼라니^{Lili'uokalani} 여왕이 왕위를 이어받았다. 그녀는 하와이의 마지막 군주가 되었다.

결국 미국의 영토가 되다

1893년 1월 14일, 대부분 유럽과 미국 기업가들과 주민들로 구성된 안전위원회가 왕국에 대한 쿠데타를 일으키고 미국에의 합병을 요구했다. 존 L. 스티븐스 미 정부 장관은 안전위원회의 요청에 따라 미 해병대를 소집했다. 여왕의 병사들은 저항하지 않았다. 릴리우오칼라니 여왕은 전복되고 안전위원회 위원으

하와이 공화국의 대통령이 된 스탠퍼드 돌

로 구성된 임시정부로 교체되었다. 그로버 클리블랜드 대통령은 하와이의 정권 교체가 불법적으로 강행되었다고 의심했고, 상원 외교위원회는 이에 대한 조사를 실시해서 보고서를 채택했다. 보고서는 쿠데타가 불법이었다고 결론지었다. 미국 정부는 먼저 릴리우오칼라니 여왕의 복권을 요구했지만 임시정부는 이를 거부했다. 1894년 7월 4일 하와이 임시정부가 종료되면서 스탠퍼드 돌 변호사가 공화국의 대통령이 되었다.

100년이 지난 1993년에 미국 의회는 전복에 관한 공동 사과 결의안을 통과시켰고 빌 클린턴 대통령이 서명했다. 결의안은, 하와이 왕국의 전복에 미국 대리인과 시민의 적극적인 참여가 있었다는 것과 하와이인들의 주권을 침해한 사실을 인정하고 이에 대해 사과한 것이다.

1898년 미국은 스페인과 전쟁에 돌입했다. 이 전쟁 기간에 윌리엄 매킨리 대통령은 하와이를 공식적으로 미국의 영토로 합병했다. 합병에 비판적인 세력이 있긴 했지만, 1898년 7월 4일 미국독립기념일에 상하원 합동 결의안에 따라 하와이가 미국의 영토로 합병되었다. 1900년에 하와이는 자치권을 부여받았고, 주가 되기 위한 여러 번의 시도에도 불구하고 60년 동안 영토로만 남아 있었다. 주요 금융기관을 통해 통제력을 유지했던 사탕수수 농장주들과 자본가들이 값싼 외국 노동력을 계속 수입할 수 있었기 때문에, 연방에 편입되어 연방법의 제약을 받는 것보다 영토적 지위 상태로만 유지하는 것이 편리하다고 판단했기 때문이다.

하와이를 합병한
윌리엄 매킨리 대통령

하와이는 설탕 산업의 호황으로 꾸준히 발전했다. 1899년 푸에르토리코의 설탕 산업이 허리케인으로 황폐화되어 전 세계적으로 설탕에 대한 수요가 높아 가자 하와이 사탕수수 플랜테이션은 급속히 팽창하면서 하와이의 발전을 견

하와이에 남아 있는 마지막 설탕 공장의 모습 ⓒjoanna orpia

인했다. 하와이 사탕수수 농장 소유주는 푸에르토리코에서 숙련된 실업자를 모집하기 시작했고 전 세계에서 이민자들을 받아들였다.

특히 일본인 노동자들의 유입은 가장 괄목할 만한 부분이었다. 1885년부터 일본인들은 하와이 이민을 시작했는데, 1924년까지 18만 명의 일본인 노동자들이 하와이에 들어왔다. 지금까지 일본계 미국인들은 하와이 전체 인구의 14퍼센트를 차지하며 하와이의 경제, 정치, 문화 등에서 백인들을 제외하곤 가장 영향력이 큰 민족으로 자리 잡고 있다. 우리나라 노동자들 역시 이때 하와이 사탕수수 농장에서 일하기 위해 이민을 떠났다. 1903년부터 1905년 사이에 대부분의 한국 노동자들이 하와이에 도착했는데, 뱃삯을 낼 수 없는 경우에는 사탕수수 농장주에게 노동 임금으로 갚아 가는 형식으로 하와이로 가는 배에 탑승했다.

진주만 공습과 새로운 하와이

1941년 12월 7일은 미국의 역사에서나 호놀룰루에서나 잊을 수 없는 날이다. 일본의 진주만 공습은 하와이와 호놀룰루를 미국과 전 세계에 각인시킨 사건이었다. 대다수 미국인들이 하와이를 미국 기업가들이 사탕수수 농장을 운영하는 미지의 섬 정도로 알고 있었고 호놀룰루는 생소한 지명일 뿐이었는데, 진주만 공습으로 이 미지의 섬과 도시가 모두에게 익숙하게 되었다.

하지만 미국 정치권과 군부 내에서는 호놀룰루의 군사 전략적 중요성을 인식하고 있었다. 특히 시어도어 루스벨트는 러일전쟁을 보면서 향후 태평양 지배권을 놓고 미국과 일본이 대결할 것을 예측하고 호놀룰루를 강력한 해군기지로 만들어야 한다고 믿었다. 1908년 의회는 진주만에 들어설 해군기지 조성을 위해 3,000만 달러를 승인했다. 이후 계속해서 진주만 해군기지는 확대되었고, 일본의 진주만 공습 당시에는 샌디에이고 다음으로 가장 큰 해군기지가 되어 있었다.

진주만 공습에 따른 미국의 제2차세계대전 참전은 이전 하와이와 이후 하와이의 분기점이 되었다. 해병대, 해군, 육군은 사탕수수 농장을 갈

호놀룰루의 풍경 ⓒCristo Vlahos

아엎고 군 훈련소와 숙소로 만들었다. 도로와 고속도로 등의 인프라 건설로 인해 호놀룰루를 중심으로 하와이는 전혀 새로운 도시로 탈바꿈되었다. 또한 전쟁 중에 미국의 수많은 연예인들이 호놀룰루에서 위문 공연을 함으로써 호놀룰루가 전 미국인들에게 알려지게 되었다. 또한 환상적인 열대성 기후와 자연환경 등으로 인해 순식간에 미국인들이 가장 선호하는 휴가지로 각광을 받게 되었다. 하와이는 이제 더 이상 사탕수수 농장이 아니라 최고의 휴가지와 관광 명소로 변화되었다. 현재 하와

호놀룰루의 지도

이는 미국에서 최고의 신혼부부 여행지로 각광을 받고 있다.

1959년 6월 하와이의 연방 편입에 대한 주민 투표에서 93퍼센트의 찬성을 받아, 그해 8월에 하와이는 오십 번째 주로 미국 연방에 합류되었다. 현재 하와이 인구는 143만 명이며 60퍼센트 이상이 호놀룰루 지역에 거주하고 있다.